CÓMO TRANSFORMAR

MI FORMA DE SER

Cómo Transformar
Mi Forma de Ser

*Estrategias para entender y
transformar nuestras áreas negativas*

¿Por qué actuó así?…

¿Por qué reaccionan de la forma como lo hacen?…

¿Por qué miramos las cosas de manera tan diferente?…

Jorledia Olivares, MA

Número de Control de la Biblioteca
del Congreso de EE. UU.:   2013900184
ISBN: Tapa Blanda   978-1-4633-4659-1
               Libro Electrónico   978-1-4633-4658-4

Para realizar pedidos de este libro, contacte con:
Palibrio LLC
1663 Liberty Drive
Suite 200
Bloomington, IN 47403
Gratis desde EE. UU. al 877.407.5847
Gratis desde México al 01.800.288.2243
Gratis desde España al 900.866.949
Desde otro país al +1.812.671.9757
Fax: 01.812.355.1576
ventas@palibrio.com
430170

Contenido

Capítulo IX

DEDICATORIA

*Al **rey de reyes** y **Señor de Señores**.*
*A mis hijos **Vianel** y **Ariel**, y a mi nietecita **Sarah**,*
A mi madre Paulina Bonilla de Olivares,
cariñosamente "Lula"; a mis hermanos:
Briselda, Alexis, Johanny, Carmen Iris, Yisel; y
a mis sobrinos. A todos gracias por su respeto y
cariño siempre incondicional.
*Homenaje póstumo a mi padre **Valerio Olivares***
de León y mis hermanos Adelcio, Duarte y
José Ariel.

AGRADECIMIENTOS

A mis amados hermanos en Cristo y compañeros que siempre me han apoyado con sus oraciones y me motivan a seguir desarrollando el ministerio que Dios ha puesto en mi vida.

A mi amiga Ana Paulino, porque a lo largo de los últimos 40 años ha estado al lado de mi familia incondicionalmente, con sus palabras motivadoras y de aliento.

A Ángela Dávila, mi amiga y compañera diaria de oración de los últimos 7 años.

A Vicky Baldwin, mi amiga y hermana en Cristo, compañera fiel en mis viajes ministeriales.

A cada ministro del Señor, que con su cariño y respeto me han apoyado incondicionalmente.

Mirad bien, no sea que alguno deje de alcanzar la gracia de Dios;
que brotando alguna raíz de amargura, os estorbe,
y por ella muchos sean contaminados.

Hebreos: 12:15

INTRODUCCIÓN

El ser humano, en su transcurso por la vida, va atravesando episodios o experiencias que pueden ser positivas y negativas. El resultado de esas experiencias, posiblemente será el resultado de la manera peculiar como manejemos esas vivencias. La manera como enfrentemos esos episodios estará, directa o indirectamente, ligada a nuestra manera de ser.

Se hace necesario entender que nuestra personalidad, -la cual viene siendo la parte **visual** y la totalidad de nuestra conducta- es la representante de otros componentes internos que le dan vida. En este libro veremos, que dentro de estos componentes se encuentran ingredientes determinantes en nuestra manera de ser, como lo son: el temperamento, el carácter, las actitudes, las aptitudes, los rasgos, el medio ambiente, el aprendizaje y la herencia, los cuales contribuyen cada uno, con su parte características, a crear el ser humano que somos. Prestaremos atención al impacto que cada uno de estos ingredientes de nuestra personalidad, producen en nosotros, por la sencilla razón de que ellos nos motivan de manera positiva o negativa; a actuar, a responder y a relacionarnos… en fin, a involucrarnos con nuestro entorno, incluyendo nuestra relación con nosotros mismos, con otros; y sobre todo, nuestra relación espiritual.

Es impresionante el impacto del Temperamento en roles tan determinantes de nuestro diario vivir. Ejerce su influencia en nuestro papel como Padres, Parejas, Amigos, miembro o Líder de una iglesia, y en todos los niveles o áreas de contacto. Por lo tanto, es urgente que conozcas en dónde está el origen de tu manera o tendencia a actuar como lo haces.

Te invito a que continúes leyendo este material, donde encontrarás **una guía que arrojar**á **luz y esperanza a tu vida**. Podrás **conocerte m**ás, examinándote introspectivamente, y al mismo tiempo estarás más apto para entender **la manera de actuar de otros** a tu alrededor. Esta comprensión traerá un crecimiento y mayor dominio de las áreas de tu personalidad que planees o necesites mejorar. Asimismo, encontrarás una guía que te llevará a poner en práctica estrategias espirituales, emocionales y físicas, que te darán la fortaleza para transformar y tomar dominio de las áreas negativas, transformándolas mediante el ejercicio de las mismas y, sobre todo, mediante el poder transformador del Espíritu Santo.

PRÓLOGO

Este material nace de mis observaciones durante aproximadamente 30 años como profesional en el área de la salud mental, tratando con personas en diferentes ambientes, incluyendo mi ambiente de trabajo, mi experiencia como miembro y líder de iglesia, como madre, como hija, como abuela, en fin, en todos mis roles, en los cuales me interrelaciono con los demás.

A través de mis conferencias, en las que siempre trato temas que buscan mejorar la calidad de vida emocional, he notado la gran necesidad que tienen las personas de conocerse a sí mismas. De ahí el tema de este libro.

He notado, en la mayoría de los casos, que los seres humanos entran en conflictos con ellos mismos o con los demás (y muchas veces hasta con Dios) presentando en ese meollo de conflictos la tendencia de buscar culpables; creyendo que a los demás los mueve el deseo intencional de hacerles pasar un mal momento, de hacer daño de manera consciente e inhumana.

Mi experiencia en este aspecto me dice, -claro está, no en todos los casos- que las personas tienen maneras típicas de reaccionar o de actuar ante determinadas circunstancias, con característisticas temperamentales especificas, que las hacen actuar como lo hacen.

Muchas veces los seres humanos no nos damos cuenta de nuestra propia responsabilidad en las situaciones que nos embargan o de entender las características temperamentales de los demás a nuestro alrededor, envolviéndonos en muchas situaciones conflictivas, como las típicas peleas entre parejas, entre padres e hijos, entre jefe y empleados, etc.

Basado en lo anterior, nace mi motivación a que las personas entiendan esta parte tan determinante de su personalidad; a que conozcan sus tendencias internas, que las hacen que actúen como lo hacen; que conozcan su Temperamento y cómo éste impacta su relación consigo mismo y con el mundo que les rodea, teniendo como único fin el de poder contribuir, de alguna manera, a que podamos vivir una vida de más armonía, más entendimiento, paciencia y misericordia; tanto para nosotros mismos, como con los demás. Y por último, entender que es posible superar las debilidades propias del Temperamento.

Les invito a que vayan conmigo a los capítulos que siguen, con el deseo de buscar una respuesta que nos ayude a entender y a mejorar nuestra calidad de vida.

CAPÍTULO I

¿Cómo se ha formado tu personalidad? y ¿Cuáles son los ingredientes que le han dado su forma?

Tu personalidad es como la funda de una almohada:

> Cuando vemos una cama correctamente preparada y lista para brindar un placentero y relajante descanso, casi siempre encontramos sobre ella una cómoda almohada, decorada con una cubierta o forro que hace juego con las demás partes del juego de sábanas. Si buscamos dentro de ese forro de hermosa tela y colores, encontraremos otro forro, el cual es el verdadero y el natural, cocido a ambos lados de la almohada y cumpliendo la función de proteger lo que está en su interior; es decir, protegiendo los elementos que están dentro de ella. Según sus componentes y la cantidad utilizada –ya sea de colcha espuma, de plumas o de guata- la almohada lucirá y se sentirá de forma diferente.

Los componentes que le dan forma, le darán también su consistencia.

Algo similar sucede con cada uno de nosotros: al igual que la almohada, la personalidad es la cubierta que cubre los elementos internos; aquellos que le dan su consistencia y espesor. La personalidad es lo superficial que vemos en otros, o que otros ven en nosotros. Es un reflejo, apariencia o resultado de todo lo que conforma el interior de tu vida, la totalidad del "todo" de ti mismo.

Encontrar una definición que unifique tantas definiciones existentes de "Personalidad", es algo difícil; pues posiblemente no existe una definición universal, que abarque todo el significado del término "personalidad". Pero existe una definición con bastante aceptación, quizás la más completa: la del psicólogo estadounidense Dr. Gordon W. Allport, quien pasó gran parte de su vida vinculado a la tarea de encontrar definiciones que dieran una descripción completa de la personalidad.

En ese empeño y afán clasificó más de 50 definiciones diferentes. Dicen sus allegados, que él mismo tuvo que reconocer que la palabra "personalidad" es una de las palabras más abstractas, la cual es usada indiscriminadamente, convirtiéndose en un incomprensible y confuso concepto.

Para el mencionado autor, la siguiente definición de personalidad es la que nos brinda la mayor aproximación a su amplio y complejo significado:

> **Personalidad:** "es *La organización dinámica dentro del individuo, de aquellos sistemas psicofísicos que determinan sus pensamientos y conducta características*".

De forma más sencilla, la palabra Personalidad expresa tu todo; es decir, la manera en que te manifiestas y apareces a los demás y a ti mismo, incluyendo tus singularidades y tus proyecciones pasadas y futuras, debido a que cada persona tiene una peculiar manera de ser. Esa manera peculiar e individual de ser, al mismo tiempo es el resultado de los diferentes ingredientes internos y externos que conforman dicha personalidad, como lo son tu temperamento, tu carácter y -en general- de todas tus experiencias y aprendizajes adquiridos a lo largo de tu propia historia individual.

Es importante entender, que tu personalidad tiene una función integral, porque viene siendo el vehículo que refleja la manera en que tu parte espiritual, la emocional y la física se han integrado en tu vida. En otras palabras: en cada ser individual debe darse lo que yo llamo una "batida" o "zumo" de las tres partes anteriores, debiendo ser integradas de manera proporcional en cada persona. En esta integración siempre hay que reconocer que la parte espiritual debe tener la delantera entre las demás integrantes; sin dejar de darle la importancia que tienen las otras dos partes, en el proceso de equilibrio de cada ser humano.

Cuando esta integración no se da de manera correcta, cuando esa integración no está balanceada de manera adecuada, posiblemente se presentarán trastornos en la personalidad. Me explico: en cada ser humano deben cumplirse ciertos principios, según las normas y valores de la sociedad, grupo o cultura a la que pertenece, los cuales van a procurar el equilibrio emocional de cada persona.

Estos principios vienen a ser los siguientes:

- Cada persona, aun dentro de su ambiente, debe verse como un ser único, con un modo único e individual de estilo de comportamiento y de estilo de interpretar y reaccionar ante el mundo y sus acontecimientos.

- Cada persona debe tener su modo único de expresarse, expresiones únicas.

- Cada individuo debe asimilarse como un conjunto integral, total, de todas las partes que lo conforman: Alma, Espíritu, Cuerpo, Inteligencia, Aptitudes, Temperamento, etc.

- *C*ada individuo debe sentirse la misma persona a través del tiempo, independientemente de los cambios de maduración y crecimiento de ciertas áreas de su personalidad que pueda hacer en el transcurso de su vida.

Ahora que ya hemos visto el concepto de lo que es la personalidad y cómo se proyecta, entremos juntos a descubrir, lo que la conforma; es decir, los elementos principales que le dan forma y espesor, así como referí anteriormente, con la ilustración sobre la almohada, que mencionamos al principio del capítulo.

Veamos lo que está dándole espesor y forma a "tu almohada"… veamos los ingredientes que conforman tu personalidad.

Ingredientes de la personalidad

Como ya dije, la personalidad está integrada por una gama de elementos internos y externos que son los que la integran. Entre algunos de estos elementos encontramos los siguientes: el *Temperamento, el Carácter, las Actitudes y Aptitudes, los Rasgos, el Ambiente y Aprendizaje, las Tipologías, la Herencia.*

Es sumamente necesario conocer y poder establecer una diferencia, así como otorgarle el lugar que cada uno de esos elementos ocupan en la dinámica de nuestras vidas.

CAPÍTULO II

Ingrediente # 1

Tu temperamento y cómo ha influido en la formación de tu personalidad

Este importantísimo componente de la personalidad es de origen innato. Está presente al momento del nacimiento, nace contigo, así como viene contigo el color de tus ojos, de tu cabello, de tu piel. Viene en nosotros como parte de nuestro ser y de nuestras características individuales.

Observando a los recién nacidos, podemos notar como estos son diferentes en su manera de ser. Algunos son más inquietos que otros, unos más tranquilos, otros más llorones, otros prefieren que les tomen más seguido en los brazos, otros prefieren estar entretenidos ellos mismos, tranquilos en sus cunitas, etc. Es decir, sus tendencias preferenciales a reaccionar están determinadas por su temperamento, además de otras condiciones que se suman en el proceso.

Una palabra que nos habla sobre lo innato del temperamento la podemos encontrar en la reflexión del salmista David, cuando estaba meditando sobre su origen y su relación con Dios.

Mi embrión vieron tus ojos, y en tu libro estaban escritas todas aquellas cosas que fueron luego formadas, sin faltar, una de ellas.

Salmo |39:16

El salmista David nos confirma, que cuando Jehová nos conoció en el vientre de nuestra madre, cuando permitió que esa semilla de vida quedara sembrada... también permitió que nuestro temperamento, rasgos físicos y demás componentes, quedaran impregnados en el ADN, el cual es el paquete de identidad que traemos. Es por eso que es innato.

El temperamento, al igual que la personalidad, se ha definido de muchas formas diferentes a lo largo de su historia. Me permito utilizar la siguiente definición, por gozar de gran aceptación entre los estudiosos del tema:

Temperamento: "**es la *base biológica del carácter y está determinado por los procesos fisiológicos y factores genéticos que inciden en las manifestaciones conductuales.***"

Gaitan (2006).

El **Temperamento** constituye la base biológica del carácter, porque desde el momento del nacimiento, vienen ya determinadas actitudes y tendencias únicas, que predominan en su comportamiento y forma de ser; y el **Carácter** -del cual dijimos que es otro integrante de la personalidad- es el mismo temperamento modificado o adaptado en el transcurso de la vida.

En otras palabras, el Temperamento se ve forzado a modificarse o a esconderse debido a diferentes razones; de las cuales, una podría ser las consecuencias dolorosas o no aceptadas para la persona que lo manifiesta, por dejarlo aflorar tal y como es.

Me explico: Imagínate que un niño, que como parte de su temperamento es gruñón y se enoja mucho. Si este niño tiene unos padres a los que esta forma de ser no la toleran, seguramente le prohibirán este tipo de comportamiento; entonces, el niño aprende a modificar su conducta, para actuar como quieren sus padres.

Siguiendo la exposición anterior, ahí podríamos encontrar una explicación del porqué niños y adultos que se comportan de una manera en un lugar y de otra diferente en otro lugar; pudiéndose deducir de ahí, que en el transcurso de la vida, el ser humano tiende a hacer adaptaciones o ajustes por razones diferentes (hablaremos de este punto más adelante).

Otra definición de temperamento que no quiero pasar por alto es la que lo describe como "*La combinación de rasgos heredados de nuestros padres*".

Como podemos ver, el temperamento es quizás uno de los ingredientes de más impacto en la personalidad; y por lo mismo, de muchos motivos de estudios e investigaciones a través de la historia, como un intento de entender y explicar las bases del porqué las personas actúan como lo hacen.

A continuación les invito a conocer un poco más sobre el Temperamento a través de la historia y que tanto han cambiado sus conceptos en nuestros tiempos.

El temperamento a través de la historia

El tema del Temperamento ha sido estudiado ampliamente a través de la historia, por investigadores deseosos de arrojar luz sobre él. El estudio del Temperamento es antiguo y actual, remontándose su estudio desde antes de Jesucristo; y tan actual, como hasta en nuestros días. Cada estudioso del tema, a través del tiempo, ha tratado de dar diferentes explicaciones y punto de vistas de su origen, dando lugar a la formación de diferentes teorías. Cada una de estas teorías tienen algunos enfoques similares entre sí, tratando cada una de dar una idea del porqué de sus diferencias.

Entre los grandes estudiosos del tema, podemos encontrar al médico y filosofo Hipócrates (460-370 AC); al doctor Galeno (129-200 DC.); a Ernest Kretschmer (1888-1964), y a William Sheldon (1898-1977). Los conceptos de sus teorías, con sus respectivas divisiones, estaban basadas en la supuesta influencia de ciertos fluídos dentro del cuerpo humano, llamados "humores". Estos humores provenían del sistema del cuerpo humano, como lo es el sistema circulatorio, el riego sanguíneo y las glándulas endocrinas. Sus teorías plantean que estos factores influyen en la forma de comportarse el ser humano.

Actualmente, con ánimo de justicia y objetividad, muchos investigadores han tratado de mirar las teorías de los temperamentos a lo largo del tiempo, y han concluído en que los humores o fluídos corporales no son los únicos factores responsables en la determinación temperamental del ser humano, pero sí han señalado, que los griegos -entre ellos Hipócrates- tuvieron gran precisión en sus conclusiones. Todavía se sigue usando, básicamente, la misma terminología para describir los cuatro grupos fundamentales de Temperamentos, de la cual Hipócrates ha sido el autor (la conoceremos más adelante).

En resumen podemos decir, que las diferentes teorías de los temperamentos miran hacia el interior del hombre: su constitución física, nerviosa, emocional y mental, las cuales influyen mucho en su forma de sentir, interpretar y reaccionar ante determinada situación.

En sentido general, podemos resumir la historia diciendo que la primera clasificación de los Temperamentos fue la de Hipócrates, quien la basó en los cuatro humores fundamentales: linfa, flema, bilis amarilla y bilis negra. Según narraciones históricas sobre la manera de cómo Hipócrates llegó a sus conclusiones, se dice que estando Hipócrates analizando una muestra de sangre, descubrió que la parte roja de la sangre fresca era muy líquida, las partículas blancas de material mezcladas con la sangre la llamó "Flema"; la espuma amarilla la clasificó como Bilis Amarilla; y la parte más densa la calificó con el nombre de Bilis Negra. Estos humores, según él y luego confirmado por los filósofos griegos, podrían estar directamente relacionados con las cuatro estaciones del año: Bilis Amarilla con el Verano; Bilis Negra con el Otoño; Flema con el Invierno y Sangre con la Primavera. Para Hipócrates, los humores eran muy importantes en la clasificación de los Temperamentos, porque él pensaba que ellos determinaban la naturaleza del hombre. Su teoría sirvió de base a otras teorías, como la teoría de Kretschmer y Sheldon.

Tipos de Temperamentos

Como ya vimos en el tema anterior, los Temperamentos humanos han tenido diferentes clasificaciones; pero podríamos decir que aún en estos tiempos modernos, la clasificación del filósofo Hipócrates continúa vigente.

Para Hipócrates, el predominio de cada uno de los humores internos del organismo, determina cuatro tipos de temperamentos: *Sanguíneo, Colérico, Flemático y Melancólico*. Cada uno de ellos abarca puntos positivos, que llamaremos cualidades o características positivas; y puntos negativos, que llamaremos características negativas.

Veamos cuáles son las características generales, tanto positivas como negativas, de cada uno de estos 4 tipos de Temperamentos:

1. Sanguíneo o impulsivo:
Es el tipo de Temperamento en el cual predomina la sangre. Se rigen por sus emociones.

Características Positivas.
Son personas vivaces, alegres y de marcados movimientos expresivos en la exteriorización de sus estados afectivos, siendo por ello personas transparentes (su rostro siempre proyecta su estado de ánimo): extrovertidos, optimistas, apasionados, ágiles, con bastante habilidad para conectarse con personas extrañas o en conversaciones. Generalmente, por su forma espontánea y dinamismo, son el punto de atención del lugar donde llegan. Otras características fáciles de distinguir en ellos es que son impulsivos y emocionales; es decir, tienden a identificarse emocionalmente con el problema que están escuchando, lloran con los que lloran y ríen con los que ríen. Tienen gran sentido del humor. Su entusiasmo es fácil de despertar y también se adaptan con facilidad a situaciones nuevas.

Áreas débiles o puntos negativos:

Generalmente, al Sanguíneo no le gusta enfrentar los problemas; prefiere esconderse detrás de una carcajada o de un chiste. Es importante señalar que la manera huidiza de este Temperamento manejar los problemas, no se debe a que sean malas personas o insensibles; lo hacen, probablemente, porque se ponen nerviosas y tensas. Otra de sus áreas deficientes es que, normalmente, sus relaciones no son muy profundas. Poseen un estado de ánimo variable, son superficiales, indisciplinados, egocéntricos y exagerados.

Ej. Aquí podrían entrar las personas que escuchan música a muy alto volumen, como queriendo callar todo pensamiento que pueda ponerlas a reflexionar sobre algún punto o situación.

Recomendaciones:

Deben analizar más sus decisiones, ser persistentes con las metas y no caer ante los obstáculos; controlar sus impulsos.

2. Colérico o bilioso:

Es extrovertido. En él predomina la bilis amarilla que segrega el hígado. Esta basado en un tipo de sistema nervioso rápido y desequilibrado. Es tenaz, volitivo, rebelde, con inteligencia rápida, fácilmente irascible y de fuertes pasiones.

Cualidades o Puntos Positivos.

Son personas muy activas, muy fácil a la hora de tomar decisiones, autosuficientes e independientes. Se fijan metas y objetivos. Son muy ambiciosos y no se lanzan a una actividad sin una meta clara. Tienen una gran capacidad para valorar los riesgos intuitivamente y no prestan atención a los obstáculos cuando se fijan una meta. En general son personas que no necesitan ser estimuladas por otras; más bien ellos son los que sirven de estímulo a otros, por su perseverancia y fuerza de voluntad para lograr sus objetivos. Son dinámicos, rápidos en sus reacciones ante cualquier obstáculo y dificultad, y tienen voluntad firme.

Áreas débiles o puntos negativos.

Las características de sus reacciones afectivas obstaculizan las relaciones humanas, por lo cual sufren y tienen conflictos consigo mismos. Fácilmente explotan de forma irrefrenable e incontenible. Son sujetos inquietos y violentos, desequilibrados, impulsivos, dominantes, rencorosos, sarcásticos y agresivos.

Recomendaciones:

Deben orientar su energía hacia las demás personas para tener un amplio criterio; ordenar sus prioridades; utilizar el humor para minimizar su enojo y poder enfrentar el estrés; asimismo, tratar de encontrar el placer en cosas externas.

3. Melancólico o atrabiliario:

Es introvertido. Predomina la bilis negra y tiene un tipo de sistema nervioso débil. Posee una muy alta sensibilidad, un alto nivel de actividad y se caracteriza por tener una baja flexibilidad a los cambios en el ambiente. Se habla de que es el Temperamento más rico de todos.

Cualidades o puntos positivos.

Son personas de muchos talentos, que disfrutan grandemente de las artes. Disfrutan de analizar los hechos. Son, además, abnegados, perfeccionistas y muy confiables; nunca abandonan un proyecto o plan cuando saben que se está contando con ellos. Poseen un carácter fuerte y comprometido, lo cual les ayuda a terminar lo que comienzan. Además, gozan de una naturaleza emocional muy sensible.

Áreas débiles o puntos negativos.

Es un temperamento de exagerada sensibilidad. Cualquier motivo insignificante les puede provocar un llanto y resentimiento exagerado. Su mímica y sus movimientos son inexpresivos. Son sujetos lentos y generalmente hablan en voz muy baja. Dan la impresión de estar siempre triste. Bajo presión son negativos, introvertidos, desconfiados y vengativos.

Recomendaciones:
Deben socializar más; enfrentar las circunstancias que a veces evaden; ser curiosos y aprender a controlar los pensamientos negativos.

4. Flemático o linfático:
Es introvertido; predomina la flema, que viene del cerebro y circula por todo el cuerpo. Es frio, lento y bien equilibrado. Es el tipo de temperamento más fácil de tratar y se dice que es el más agradable de todos los demás.

Cualidades o puntos positivos
Son personas tranquilas, con mucha paciencia, ecuanimidad y autodominio, casi nunca pierden la paciencia y raras veces se enojan. Son muy capaces y equilibrados, pudiendo trabajar intensamente. No se caracterizan por su facilidad para entablar nuevas amistades, pero las que tiene son estables y duraderas. Sus reacciones emocionales pueden ser muy intensas, pero generalmente no surgen ni desaparecen de forma rápida. La vida para el flemático es una oportunidad placentera y feliz.

Áreas débiles o puntos negativos

Son personas lentas, poco expresivas. Tratan de no involucrarse demasiado en las actividades de los demás. Sus procesos y reacciones psíquicos, en general, son lentos; lo cual se hace evidente en el lenguaje, en los movimientos, y en las reacciones afectivas. Tienen dificultad para adaptarse a cambios en el modo de vida. Evitan involucrarse en situaciones que los desequilibren. Son egoístas, tercos, ansiosos, apáticos y lentos.

Recomendaciones:

Evitar refugiarse en sus sueños e imaginación. Vivir más el presente, compartir más con las demás personas y aprender a ceder.

Nota: Los términos son sólo tecnicismos: no quiere decir que el Colérico va a estar en "cólera" todo el tiempo, pues cualquiera de los cuatro temperamentos puede tener un ataque de cólera en algún momento. "Melancólico" no significa que siempre va a estar triste, etc.

Ya que tenemos una idea más o menos general de las características positivas y negativas de cada tipo de temperamento, según la clasificación de Hipócrates, pasemos a identificar Tu temperamento.

Identificando tu Temperamento

Generalmente, en mis conferencias sobre el temperamento, he observado que muchas personas tienen dificultad para distinguir cuál es el suyo, debido -entre otras cosas- a que se confunden; pues encuentran que sus cualidades positivas y negativas están distribuidas entre más de un tipo de temperamento, que en uno en particular.

Ej. Pueden encontrar que tienen cualidades del Sanguíneo juntamente con el Colérico; o del Sanguíneo con el Melancólico; o del Sanguíneo con el Flemático, etc. Otras veces hay más de dos temperamentos en combinación, ej. Sanguíneo con Colérico y Flemático.

¿A qué se debe esto?

Para contestar la pregunta anterior podemos decir, que generalmente no existe una persona con un solo tipo de Temperamento; sino que tiene combinaciones.

Me explico: No existe una persona puramente Sanguínea, Colérica, Melancólica o Flemática; sino que una misma persona puede tener una o más combinaciones de los cuatro tipos descritos.

Se ha hablado que pueden existir combinaciones de hasta 3 tipos de temperamentos; pero -claro está- siempre un tipo de temperamento va a predominar sobre los demás. Podemos identificar el temperamento de esa persona, con el temperamento que evidencie un mayor número de características. Ese será su temperamento Primario.

He notado que algunos de los participantes en mis conferencias se muestran tímidos a la hora de marcar las cualidades negativas. Pienso que esto se debe a que en ese momento se hacen la siguiente pregunta:

¿Cual es el mejor Temperamento?
A quienes están pensando o tratando de identificar un determinado tipo de Temperamento, por pensar que es mejor que los demás, siempre les digo que, afortunadamente, no existe un tipo de temperamento mejor o peor que el otro; son simplemente diferentes, con cualidades y debilidades y necesidades en cada uno de ellos.

La palabra del Altísimo Dios, en el capítulo 1 del libro de Génesis, nos dice que todo lo que Jehová había hecho era bueno; refiriéndose a la creación, donde estábamos incluidos tú y yo. Citemos lo que Él dice al contemplar el final de su creación

"Y vio Dios todo lo que había hecho; y he aquí que era bueno en gran manera. Y fue la tarde y la mañana el día sexto"

Génesis 1:31

¡Qué palabras tan poderosas para trabajar la autoestima de aquellos que se atreven a descalificar la obra perfecta del Dios poderoso cuando les creó!

Espero que tú no seas uno de ellos y sepas que eres el resultado del propósito perfecto de Dios, en este mundo que te ha tocado vivir. El tipo de temperamento que el creador puso en ti, es bueno y correcto; y viene a equiparnos, tanto a ti como a mí, para servir y desarrollar el propósito o llamado que el creador ha puesto en cada uno de nosotros. ¡Eso te incluye a ti también! Tienes los atributos temperamentales necesarios para el llamado que tu Padre Celestial ha puesto en tu vida. ¡Aprovéchalo y no lo desperdicies!

Ahora pensemos por un momento en el apóstol Pablo. Él no siempre fue un hombre seguidor de Jesucristo; al contrario, él era perseguidor de aquellos que seguían al Señor. El apóstol Pablo era una persona de carácter firme, demandante, de metas y decisiones, sin miedos. Supongo que has adivinado que tenía el temperamento Colérico.

Fíjate que, aunque el apóstol Pablo estuvo utilizando todos sus atributos de manera errada, no era menos cierto que los tenía. Pues déjame decirte que exactamente así fue como Dios miró a Pablo; lo miro como un hombre con las condiciones necesarias para lo que había dispuesto para él, que era la encomienda de dar a conocer a Cristo en medio de una sociedad dura. ¡Alegrémonos! porque de la misma forma venimos dotados cada uno de nosotros con dotaciones específicas para esa gran encomienda y sueño que está en cada corazón.

¡Celebremos el temperamento que tenemos, pues él tiene las características necesarias para lograr nuestro llamado y propósito en la vida, nuestra misión y visión!

¿Sabias que todo tipo de temperamento es bueno? Se necesitan personas dinámicas, rápidas, conversadoras y vivaces como las de tipo Sanguíneo; se necesitan además, personas de decisiones firmes y agresivas, que tomen la dirección, como las de tipo Colérico; personas creativas y analíticas como las de temperamento Melancólico; y personas sumisas, calmadas, pensadoras, y cuidadosas como las de tipo Flemático. En fin, se necesitan personas con diferentes temperamentos para poder realizar trabajos, asignaciones y obras especificas; personas para lidiar con otros, para mantener la unidad, para cuidar, para pastorear, o como le quieras llamar... personas con la gracia y destrezas necesarias.

Conocemos personas a nuestro alrededor, pudiendo ser la pareja, los hijos, los líderes o pastores, compañeros de trabajos, familiares, amigos; en otras palabras, personas muy significativas e importantes para nosotros, con destrezas y habilidades diferentes a las nuestras, pero siendo cada una un eslabón esencial para nosotros, porque complementan nuestras vida y lo que hacemos.

En el libro de los libros, La Biblia, también encontramos ejemplos de hombres y mujeres usados por Dios grandemente, en específicas encomiendas, que pueden servirnos como modelos para ilustrar los temperamentos descritos a lo largo de este tema. Encontramos hombres Coléricos, como el Apóstol Pablo; Flemáticos, como Moisés; Melancólicos, como Abrahán; y Sanguíneos, como Pedro.

Nuestro Dios es un Dios muy sabio. Mientras más observo la obra de sus manos, más me maravillo de su perfección. Es maravilloso saber que el Altísimo Dios lo dispuso todo con mucho cuidado, inteligencia y precisión; y que además de poner un llamado o sueño en nosotros -en nuestro paso por este mundo, donde estamos como peregrinos y extranjeros- también nos dotó de las condiciones o atributos necesarios para que pudiésemos actuar de buena manera, provechosa, excelente y con la gracia que viene de Él. ¡QUÉ *DIOS TAN SABIO!*

Para resumir, podemos decir que los cuatro temperamentos son indispensables para que el reino de Dios se extienda. En el reino todo es necesario; cada uno tiene una participación en él con la habilidad para llevar a cabo las tareas de manera efectiva. Por lo tanto, si por alguna razón habías pensado que no servías para nada; yo te digo que fuiste creado para algo bueno y beneficioso, y con una gracia que sólo tú tienes. Si es que todavía no sabes cuál es ese llamado, pídele al Espíritu Santo que te enseñe cuál es tu propósito en este mundo; y si ya tienes la fortuna y el privilegio de estar trabajando en él, recuerda que aunque tengas momentos difíciles en la realización de esa obra, tú tienes la entereza, fuerza y valor para salir vencedor; porque el Dios que te formó, Jehová de los ejércitos, ya lo dispuso así, aun antes de que vinieras a este mundo. ¡Tienes las habilidades que necesitas! ¡te capacito! ¡Aleluya!

Para identificar el temperamento se han escrito diferentes escalas. Te quiero presentar dos de ellas, las cuales he elegido por ser muy populares y de fácil acceso para el lector, tanto en otros libros como en las páginas web.

Actividades del tema:

Actividad # 1

*Descubre tu temperamento utilizando la escala del determinante de temperamento **KTS**, del psicólogo clínico **David Keirsey**.*

En cada número elije la cualidad que más se aplique a tu persona (anque encuentres más de una que se parezcan a ti ¡SOLO UNA DEBES ESCOGER!) y escribe la letra que la contenga.

Por ejemplo:

1) a
2) b
3) a

Recuerda: cada persona tiene dos temperamentos, uno que predomina y otro que es natural o lo complementa. Por tanto, la letra que tenga mayoría es el temperamento que predomina, y la letra que le siga es tu segundo temperamento. Por tanto… lee tus dos resultados. ¿Listo?

Fortalezas (características positivas)

1. a) Animado b) Aventurero c) Analítico d) Adaptable
2. a) Juguetón b) Persuasivo c) Persistente d) Placido
3. a) Sociable b) Decidido c) Abnegado d) Sumiso
4. a) Convincente b) Competitivo c) Considerado d) Controlado
5. a) Entusiasta b) Inventivo c) Respetuoso d) Reservado
6. a) Enérgico b) Autosuficiente c) Sensible d) Contento
7. a) Activista b) Positivo c) Planificador d) Paciente
8. a) Espontaneo b) Seguro c) Puntual d) Tímido
9. a) Optimista b) Abierto c) Ordenado d) Atento
10. a) Humorístico b) Dominante c) Fiel d) Amigable
11. a) Encantador b) Osado c) Detallista d) Diplomático
12. a) Alegre b) Confiado c) Culto d) Constante
13. a) Inspirador b) Independiente c) Idealista d) Inofensivo
14. a) Cálido b) Decisivo c) Introspectivo d) Humor seco
15. a) Cordial b) Instigador c) Músico d) Conciliador
16. a) Conversador b) Tenaz c) Considerado d) Tolerante
17. a) Vivaz b) Líder c) Leal d) Escucha
18. a) Listo b) Jefe c) Organizado d) Contento
19. a) Popular b) Productivo c) Perfeccionista d) Permisivo
20. a) Jovial b) Atrevido c) Se comporta bien d) Equilibrado

Debilidades (características negativas)

21. a) Estridente b) Mandón c) Desanimado d) Soso

22. a) Indisciplinado b) Antipático c) Sin entusiasmo d) Implacable

23. a) Repetidor b) Resistente c) Resentido d) Reticente

24. a) Olvidadizo b) Franco c) Exigente d) Temeroso

25. a) Interrumpe b) Impaciente c) Inseguro d) Indeciso

26. a)   Imprevisible b) Frio c) No comprometido d) Impopular

27. a)   Descuidado b) Terco c) Difícil contentar d) Vacilante

28. a)   Tolerante b) Orgulloso c) Pesimista d) Insípido

29. a)   Iracundo b) Argumentador c) Sin motivación d) Taciturno

30. a)   Ingenuo b) Nervioso c) Negativo d) Desprendido

31. a)   Egocéntrico b) Adicto al trabajo c) Distraído d) Ansioso

32. a)   Hablador b) Indiscreto c) Susceptible d) Tímido

33. a)   Desorganizado b) Dominante c) Deprimido d) Dudoso

34. a)   Inconsistente b) Intolerante c) Introvertido d) Indiferente

35. a)   Desordenado b) Manipulador c) Moroso d) Quejumbroso

36. a)   Ostentoso b) Testarudo c) Escéptico d) Lento

37. a)   Emocional b) Prepotente c) Solitario d) Perezoso

38. a)   Atolondrado b) Malgeniado c) Suspicaz d) Sin ambición

39. a)   Inquieto b) Precipitado c) Vengativo d) Poca voluntad

40. a)   Variable b) Astuto c) Comprometedor d) Critico

Evaluación:

Mayoría de A:
Temperamento: SANGUÍNEO

Mayoría de B:
Temperamento: COLÉRICO

Mayoría de C:
Temperamento: MELANCÓLICO

Mayoría de D:
Temperamento: FLEMÁTICO

Actividad # 2

Descubre tu temperamento utilizando la escala de **temperamento según C. Zar**

En cada una de las siguientes cuatro líneas de palabras, marca la que corresponda a tu persona, escogiendo una sola opción en cada línea. Termina las cuarenta líneas. Si no sabes el significado de alguna palabra, consulta un diccionario. Cuando termines, busca al final de la página para ver los resultados.

Fortalezas

1	__Animado	__Aventurero	__Analítico	__Adaptable
2	__Juguetón	__Persuasivo	__Persistente	__Plácido
3	__Sociable	__Decidido	__Abnegado	__Sumiso
4	__Convincente	__Controlado	__Competitivo	__Considerado
5	__Entusiasta	__Inventivo	__Respetuoso	__Reservado
6	__Enérgico	__Autosuficiente	__Sensible	__Contento
7	__Activista	__Positivo	__Planificador	__Paciente
8	__Espontáneo	__Seguro	__Puntual	__Tímido
9	__Optimista	__Abierto	__Ordenado	__Atento
10	__Humorístico	__Dominante	__Fiel	__Amigable
11	__Encantador	__Osado	__Detallista	__Diplomático
12	__Alegre	__Constante	__Culto	__Confiado
13	__Inspirador	__Independiente	__Idealista	__Inofensivo
14	__Cálido	__Decisivo	__Humor Seco	__Introspectivo
15	__Cordial	__Instigador	__Considerado	__Conciliador
16	__Platicador	__Tenaz	__Considerado	__Tolerante
17	__Vivaz	__Líder	__Leal	__Escucha
18	__Listo	__Jefe	__Organizado	__Contento
19	__Popular	__Productivo	__Perfeccionista	__Permisivo
20	__Jovial	__Atrevido	__Se comporta bien	__Equilibrado

Debilidades

21	__Estridente	__Mandón	__Apocado	__Soso
22	__Indisciplinado	__Antipático	__Sin entusiasmo	__Implacable
23	__Repetidor	__Reticente	__Resentido	__Resistente
24	__Olvidadizo	__Franco	__Exigente	__Temeroso
25	__Interrumpe	__Impaciente	__Inseguro	__Indeciso
26	__Imprevisible	__Frío	__No compromete	__Impopular
27	__Descuidado	__Terco	__Difícil de contentar	__Vacilante
28	__Tolerante	__Orgulloso	__Pesimista	__Insípido
29	__Iracundo	__Argumentador	__Sin motivación	__Taciturno
30	__Ingenuo	__Nervioso	__Negativo	__Desprendido

31	__Egocéntrico	__Adicto al trabajo	__Abstraído	__Ansioso
32	__Hablador	__Indiscreto	__Susceptible	__Tímido
33	__Desorganizado	__Dominante	__Deprimido	__Dudoso
34	__Inconsistente	__Intolerante	__Introvertido	__Indiferente
35	__Desordenado	__Manipulador	__Moroso	__Quejumbroso
36	__Ostentoso	__Testarudo	__Escéptico	__Lento
37	__Emocional	__Prepotente	__Solitario	__Perezoso
38	__Atolondrado	__Malgeniado	__Suspicaz	__Sin ambición
39	__Inquieto	__Precipitado	__Vengativo	__Poca Voluntad
40	__Variable	__Crítico	__Comprometido	__Astuto
R:	SANGUÍNEO	COLÉRICO	MELANCÓLICO	FLEMÁTICO

Respuestas: Para ver los resultados suma por columna... Cada "x" vale 1 punto. Suma como se indica abajo.

1-19				
20-40				
Total				
Por cientos	%	%	%	%

Ahora que ya hemos visto el temperamento de una manera más o menos amplia y ya que has podido identificar el tuyo, estamos listos para entrar a otro importante ingrediente de tu personalidad, que a su vez es dependiente del anterior.

CAPÍTULO III

Ingrediente # 2

El Carácter, como resultado de tu Temperamento transformado

Es común que muchos se confundan a la hora de diferenciar entre lo que es el **Carácter** y lo que es el **Temperamento**. Anteriormente vimos que el Temperamento es la forma **innata,** connatural, de ser de una persona; mientras que el Carácter es la modificación de ese Temperamento, mediante un proceso de aprendizaje, el cual lo hace a su vez **no innato**. En otras palabras, el Carácter es lo opuesto al Temperamento, el cual, a su vez, puede ser modificado por aquellas presiones ambientales que obligan al individuo a reprimir ciertos deseos, opuestos o contraproducentes con las exigencias familiares, sociales, éticas, religiosas o intelectuales.

El investigador Santos (2004) lo define como: **"el sello que nos identifica y diferencia de nuestros semejantes, producto del aprendizaje social...":**

Al igual que con el temperamento, el carácter también ha recibido diferentes clasificaciones, siendo muy aceptada la del psicólogo Carl G.

Jung (1875-1951). Según Jung, existen dos tipos de caracteres principales: **los introvertidos**, los cuales son personas centradas en sí mismos, que piensan mucho antes de actuar, desconfiados, e inseguros; y los extrovertidos que por el contrario, son personas rápidas, ágiles, impulsivas, que gustan de los riesgos y son sociables.

En sentido general, el Carácter es adquirido en el transcurso de los años, por razones de experiencias o vivencias, entre las cuales están las *situaciones traumáticas,* como pueden ser las *historias de violencias, la convivencia o relación con padres muy controladores; o por el contrario, la relación o convivencia con padres muy despreocupados.* El resultado de estas experiencia, de exigencias y prohibiciones, es que llevan al individuo a inhibirse de ellas y a hacer renuncias que van a influir en la formación de nuevas normas de vivir. Es importante señalar que el ambiente físico y social, la profesión, el éxito o el fracaso personal, entre otras, influyen grandemente en la formación del Carácter; pero se ha de tener en cuenta que todos esos arreglos que el ser humano hace, transformando su verdadera inclinación (para evitar los malos ratos con nuestro medio) no van a destruir los rasgos fundamentales de la constitución, ni del temperamento en que se enraíza o fundamenta el carácter.

Veamos: En el transcurso de sus vida, las personas necesitan hacer ajustes o modificaciones de su temperamento natural, por diferentes razones; generalmente, como medida de protección o para *seguir funcionando en su ambiente, de manera aceptable y segura.* En este punto es gracioso señalar que, aunque el temperamento original (con el que nacemos), tenga que ser modificado por razones de supervivencia o de seguridad o de aceptación, dando lugar a la aparición del carácter (*recuerda que el carácter es el temperamento modificado*); ese temperamento original que se modifica, podría volver a surgir en el momento en que esa persona se sienta libre o segura para expresarse, o para dejarlo como era original-mente. En otras palabras, el temperamento ori-ginal, en el medio adecuado, puede volver a surgir libremente. Por otro lado, también podemos citar la lucha del hombre con la vieja naturaleza, como nos lo explica Pablo en **Gálatas 5**. Catalogando esa vieja naturaleza, dentro de las partes negativas del temperamento.

Veamos algunos ejemplos de temperamentos reprimidos:

- *Todos hemos conocido parejas casadas, las cuales tuvieron una relación de noviaz-go más o menos estable y armoniosa, donde ambos mostraban muy buena motivación para trabajar y suplir las necesidades emocionales de cada uno en su relación. Esta relación se desarrolló mientras uno de ellos vivía en casa de sus padres, en un ambiente sumamente controlador y agresivo. Los jóvenes se casan y al cabo de poco tiempo ese joven, que viene de un ambiente controlador, se comienza a comportar de manera muy diferente a cuando vivía con sus padres. Su pareja, o su círculo intimo, comienzan a darse cuenta de que ya no es la misma persona de antes. Posiblemente ahora está mostrando un Temperamento o Carácter totalmente diferente. Ej. La joven sumisa deja de ser así; ahora pelea, es agresiva, intolerante, o viceversa. La idea es que comienzan a salir áreas desconocidas. ¿A qué se debe este cambio?.*

Otro ejemplo nos puede ilustrar de la siguiente forma:

• Todos hemos escuchado de historias, o hemos conocido jóvenes que, mientras vivieron en sus hogares paternos, fueron hijos ejemplares de padres muy exigentes, controladores o asfixiantes; y que al ingresar estos jóvenes a la universidad, se comportan de manera muy diferente a cuando vivían en sus hogares paternos.

En otras palabras, sintetizando nuestras dos ilustraciones:

- Una persona, originalmente sumisa y prudente, se convierte en alguien imprudente y demandante cuando se hace independiente.

- Una persona discreta y ordenada, se convierte en alguien totalmente opuesta, indiscreta, escandalosa y desordenada.

Pudiésemos explicar los hechos anteriores, con las tendencias propias del temperamento de esos individuos, los cuales, posiblemente durante su niñez, se manifestaban de manera natural; pero que al recibir algún tipo de objeción o de severas críticas, a la manera de ser que ellos mostraban; vale decir, que el temperamento o comportamiento original no fue aceptado, como seres humanos comenzaron a hacer cambios para poder con vivir la mayor aceptación posible. Lo que nos pasa (dependiendo del proceso de ajustes que utilicemos) es que -el niño o un adulto en general- se da cuenta de que no puede luchar o enfrentar a quien o a quienes le reclaman, entonces optan -por su propia seguridad- por reprimir su verdadera manera de ser o su temperamento. Al cabo del tiempo, cuando su situación haya cambiado, una vez que llegan a sentirse libres de esa opresión, seguros y suficientemente independientes, dejan salir su verdadero ser interior, dejando fluir así su verdadero temperamento.

La palabra de Dios en **Romanos 7: 14-25**, nos dice claramente de esta condición humana, cuando nos advierte sobre la lucha del hombre con la vieja naturaleza.

El cristiano recibe un manual de estilo de vida, y al mismo tiempo recibe un modelo a quien imitar, cuando de carácter se trata. **Efesios 4** nos insta a imitar a Cristo, a desarrollar su carácter en nosotros.

En ese mismo sentido, La Biblia -libro inspirado por el Espíritu Santo- nos advierte y da la dirección a seguir en cada situación; teniendo, podríamos decir, para cada Temperamento, una sugerencia. No solamente nos dice que desarrollemos su Carácter, sino que es más específico. Por ejemplo:

Al Sanguíneo: *"estad quieto y conoced que yo soy Jehová" (Salmo 46:10),*

Al Colérico: "..., sin ira ni contienda" (**1** Timoteo 2:8b),

Al Melancólico: *"la venganza es mía" (Rom. 12:22)* y

Al Flemático: *"cada día trae su propio afán" (Mateo 6:34).*

¡Qué hermoso es saber, que aunque tenemos una lucha tan grande con las características negativas del Temperamento, podemos recibir el poder para transformarlas en un Carácter apacible, con olor grato y beneficioso!

Actividad del tema

a) *Piensa en alguien que haya cambiado su manera de ser, al volverse emocionalmente o financieramente independiente; y en qué forma lo ha hecho.*

_____

_____

_____

_____

_____

_____

_____

_____

_____

_____

_____

_____

_____

_____

_____

_____

_____

_____

_____

b) *Medita en tu propia persona; y si otros te han dicho que estas actuando diferente o si tú reconoces algún cambio en ti luego de volverte o sentirte independiente.* (Recuerda que volverse independiente puede venir como consecuencia de un cambio de vida)

_____

_____

_____

_____

_____

_____

_____

_____

_____

_____

c) ¿Reconoces algunas áreas de tu Carácter, que
son consecuencias de la transformación del
poder de Dios en tu vida?. Nombra las que
recuerdes. _____

_____

_____

_____

_____

_____

_____

_____

_____

_____

_____

A continuación, hablaremos de otro elemento
importante, el cual determina nuestra forma de
caminar ante la vida, ante ti mismo y ante Dios. Es
tu Actitud, la cual viene a ser la manera de ver las
circunstancias, desde determinada perspectiva.

CAPÍTULO IV

Ingrediente # 3

Tú Actitud y su influencia en tu manera de ser

Podríamos encontrar múltiples maneras de definir la Actitud; pero de manera general podemos definirla como *las predisposiciones afectivas o tendencias persistentes de un individuo a responder favorable o desfavorablemente ante una situación dada.* En otras palabras, es la tendencia o predisposición a actuar de la manera en que lo hacemos, ante determinadas circunstancias.

Es importante saber, que en la formación de nuestras Actitudes, influye el ambiente donde nos desarrollamos; lo que hemos visto y escuchado.

Lo que pensamos sobre algo, así como la emoción negativa o positiva que provoque en nosotros, más la manera de proyectar ese pensamiento y esa emoción al mundo y a nosotros mismos, es lo que da lugar a una Actitud determinada. O sea, en una Actitud está involucrado un pensamiento, una emoción y una acción…

¿Por qué es importante?

Mientras más indaguemos sobre el origen de nuestras *Actitudes* hacia algo en particular, posiblemente encontraremos su origen en nuestro paso por la vida; teniendo nuestra familia, en especial los padres, y nuestro entorno cultural, encontrándose en este los maestros y amigos, con una gran influencia en su formación. Esto se debe a que es grande la influencia que nuestros familiares tienen en nuestra peculiar manera de mirar o enfocar el mundo, incluyendo la forma de manejar nuestras emociones, de enfrentar los retos, entre otros.

Como habrás notado, tu actitud te afecta en la manera de relacionarte con el mundo y con Dios, y determina el tipo de personas que somos.

Tipos de Actitud.

La reacción del ser humano ante determinadas *Actitudes* son básicamente de dos maneras: **Positivamente** o de manera **Negativa**. Muchos pensarán que existe una tercera forma, que sería la "indiferente", pero sobre esta opino, que también pertenece, de alguna manera, a la negativa.

Actividad de crecimiento

En las siguientes listas de Actitudes, identifica las que piensas que tienes.

Actitud Negativa   Actitud Positiva

1. Pesimismo___   1. Optimismo__
2. Desconfianza_   2. Motivación__
3. Altanería___   3. Independencia__
4. Resistencia__   4. Adaptabilidad__
5. Necesidad de aprobación__   5. Confianza en ti mismo
6. Orgullo de autosuficiencia__   y en el futuro__
7. Orgullo de superhumildad__

Reflexiona sobre la siguiente situación hipotética:

1. ¿Cual sería tu Actitud, si se te pidiese que hicieses algo que nunca has hecho y que no sabes si tienes la capacidad de hacer?

2. ¿Lo intentarías? _____

3. ¿Te negarías a hacerlo, sin siquiera intentarlo? _____

Cuando escogemos no tratar algo, sin siquiera darnos la oportunidad de ver si podemos, de antemano estamos demostrando una Actitud Negativa, de Pesimismo e Impotencia, la cual nos derrota, aun antes del intento, porque ya, en la mente, nos hemos declarado *incompetentes.*

- Debemos reflexionar acerca de cuáles cosas estamos demostrando una Actitud de derrota, sin siquiera hacer el intento.

- Escribe algunas, para que les hagas frente___

_____

_____

_____

_____

_____

Veamos otro ejemplo de Actitud Negativa

Se dice que en algún lugar existió un abuelito, el cual iba cada día a visitar a sus dos nietos. Un día de esos, después de jugar un poco con ellos, decidió dormir una siesta y se acostó en el piso de la sala de la casa. Los nietos, al verle durmiendo, decidieron hacerle una broma y buscaron queso de oveja (el cual tiene un fuerte olor) y le pusieron un poco en el bigote. Al poco tiempo el abuelito se despierta espantado, porque sentía que la habitación estaba impregnada de un fuerte olor. Rápidamente se levantó para dejar aquella sala, porque desprendía un olor desagradable para él y se fue a la cocina, tratando de cambiar de ambiente; pero se dio cuenta de que allí también llegaba el mal olor. Desesperado se fue a un parque cercano, tratando de buscar un área fresca donde el viento circulara libremente, …aire puro. ¡Pero qué sorpresa la del abuelito! ¡Allí también estaba aquel olor desagradable para él y del que venía huyendo!… Y cuenta la narración, que aquel abuelito exclamó, muy convencido de lo que estaba diciendo: "¡el *mundo entero huele mal!*"

La Actitud de este abuelito, nos recuerda y nos manda a reflexionar sobre la de Actitud de algunas personas, que buscan respuestas o justificaciones fuera de ellos mismos, juzgando al mundo y lo que pasa en él, buscando culpables, sin darse cuenta de que la causa del problema está en sus propias narices. Algo similar nos ocurre cuando buscamos respuestas guiados por nuestras Actitudes Negativas.

Para reflexionar:

Te sugiero que ahora mismo analices si tienes la tendencia a dejarte llevar de las Actitudes negativas; si tiendes a desvalorizarte o a culpar siempre a otros de las cosas negativas que te pasan.

Actividad del tema:

¿En cuáles de las siguientes áreas de tu vida, crees que necesitas revisar tu **Actitud Negativa**? Especifica lo más que puedas.

Área Familiar:_____
_____
_____
_____

Área Social_____
_____
_____
_____

Área Laboral_____
_____
_____
_____

Área Espiritual_____
_____
_____
_____

La Actitud se puede cambiar.

Cuando nos enfocamos en los acontecimientos pasados, ya sean en *vivencias tristes, heridas, conflictos,* etc., posiblemente estos aconteci-mientos afectarán nuestra visión sobre situaciones similares en el futuro. Es probable que aquí se encuentre la explicación de ciertas Actitudes Negativas que tenemos sobre alguna situación en particular. En momentos de reflexión no resulta raro que nos preguntemos el porqu**é** pensamos de la manera en como lo hacemos, sobre algún punto en particular. Y posiblemente la respuesta tenga su origen en alguna experiencia del pasado, que impactó nuestra manera de interpretar sucesos similares. Debemos revisar nuestras Actitudes Negativas y reflexionar sobre sus orígenes, para ir logrando una adecuada calidad de vida, restaurando las áreas afectadas, sanando y perdonando.

Reflexión:

Es importante revisar cómo tú miras la vida. *¿Con cuál Actitud?*
Te invito a que completes la siguiente actividad, con la motivación de seguir conociéndote y ver las Actitudes que deseas transformar.

Actividad del tema

Revisa cuál es tu Actitud ante el mundo, ante Dios y ante ti mismo

1. ¿Usas tus experiencias negativas a manera de un bloqueador solar -para protegerte- y te resistes a sanarlas? ¿Te lamentas constantemente por lo que te ha pasado, pero no haces nada por levantarte y olvidar lo que queda atrás?,_____ Si contestaste que Sí y lo quieres hacer, escribe cuáles fueron esas experiencias

_____
_____
_____
_____
_____
_____
_____
_____

2. ¿Arrastras tus vivencias dolorosas para justificar tu manera de ser: Áspero pesimista, agresivo, egoísta, etc.?_____

_____
_____
_____
_____

¿Cuándo fue la última vez que fuiste áspero, pesimista, agresivo o egoísta con alguien, incluyéndote a ti mismo y cuál fue la razón? ¿Piensas que tu conducta estaba justificada?

_____
_____

_____
_____
_____
_____
_____
_____
_____
_____
_____

3. ¿Eres suspicaz? ¿Te resistes a un cambio en tu vida, porque la misma suspicacia hace que te resistas a creer en la bondad y el poder de Dios? ¿Ves equivocaciones por todos lados? ¿Eres desconfiado? ¿No te dejas guiar? ¿Siempre estás a la defensiva?

_____
_____
_____

4. ¿Eres súper-sensible? ¿Susceptible?, ¿Todo te afecta?, ¿Todo te ofende?_____

5- ¿Eres muy dependiente de los demás? _____, ¿Necesitas aprobación de otros, siempre?_____ ¿Te resistes a crecer, a dejar de ser un bebé?_____

6. ¿Tienes orgullo de autosuficiencia?, _____

   _____

   ¿Tienes orgullo de súper-humildad?_____

   Nota: Creerte supersuficiente, que no necesitas de nadie para resolver tus situaciones, es orgullo; pero también es orgullo todo lo contrario, el creerte que eres más humilde y más espiritual que los demás

7. Por favor, lee Filipenses 3:13-14
   ¿De qué manera entiendes esta lectura? ¿Qué sentiste al leerla?

   _____

   _____

   _____

   _____

   _____

   _____

   _____

   _____

   _____

Quiero que recuerdes, que cuando una situación, ya sea positiva o negativa, viene a ti, tú cuentas con algo poderoso: tu Actitud hacia ella. Tú no puedes cambiar un acontecimiento; pero tú sí puedes cambiar tu Actitud, el cómo responder a ese acontecimiento. Por ejemplo, hay situaciones que pasan o que pasaron hace mucho tiempo, o son acontecimientos actuales, como podría ser el aumento desmedido de la gasolina. No hay dudas de que esto nos afecta financieramente; pero nosotros tenemos la decisión para elegir cómo vamos a reaccionar ante algo de lo que no tenemos control.

En resumen, hemos visto que la Actitud es una expresión del presente; pero parte de una reflexión basada en el aprendizaje, y que para cambiarla debemos revisar el pasado para ver cuándo, dónde, cómo y porqué se tomó esa Actitud.

Debemos detenernos y reflexionar sobre nuestra manera de ver la vida.

• ¿Sientes que el mundo te trata bien o que te trata mal?

  – Una persona con una Actitud negativa ante la vida, mira todo oscuro.
  – Cuando se mira positivamente, cada cosa la vemos como una oportunidad para Dios glorificarse.

"y a los que aman a Dios, todo obra para bien"
Romanos 8: 28

La Biblia dice "**y conoceréis la verdad y la verdad os hará libres**". Juan **8:32**. Utilizo mucho este versículo cuando hablo de la importancia de conocer las cosas:

No importa que tengas una Actitud inadecuada, si lo puedes reconocer. Conozco uno que hace cambios extraordinarios, imposibles, pero todo depende de la Actitud que tú adoptes. El apóstol Pablo vivía una vida en libertad, no importando la situación, porque su Actitud era la de una persona libre. Tú y yo estamos llamados a vivir como el apóstol. A veces no sucede así, porque -como ya dijimos- hay situaciones o experiencias pasadas, que nos desenfocan de la voluntad de Dios (que es la de estar libres) porque no nos hemos decidido a dejar las cosas atrás. Debemos ejercer nuestro libre albedrío, y elegir qué clase de Actitud queremos tener.

¡Ahora te tengo una noticia! Jehová nos ha entregado las herramientas que necesitamos para cambiar nuestra manera de ver la vida. Él quiere liberarnos de lo negativo de nuestra vida emocional, de todo aquello que dañó e influenció en la Actitud actual. Liberarnos de aquella experiencia que probablemente provocó el que hoy te veas como una persona con Actitud pesimista, sin valor, como un perdedor. Él desea sanarte de aquella experiencia negativa, causante de la manera como ves el mundo que te rodea, de cómo ves a Dios.

Déjame decirte que, casi siempre, somos nosotros mismos nuestro mayor obstáculo a nuestra liberación. Dios quiere que podamos tener la libertad que tuvo Pablo, su confianza en aquel que prometió estar con él siempre. Para lograr ver con esa convicción de Pablo, tú tienes que levantarte y mirar positivamente la vida, sin ponerle límites a Dios.

CAPÍTULO V

Ingrediente # 4

Aptitudes. Tus capacidades y Talentos en la persona que eres

Tú y yo hemos sido dotados de habilidades, tanto psicológicas como físicas, que nos capacitan para la realización de ciertas tareas. Seguramente has escuchado decir que Dios, al crearnos, nos dotó con las habilidades necesarias para desarrollar el propósito o visión... *me refiero a las Aptitudes o talentos. En otras palabras, todos tenemos capacidades, talentos o regalos que nos han sido dados por Dios y los cuales debemos desarrollar, mediante un proceso de maduración, para ser destacados y usados de la manera adecuada.*

Las Aptitudes, en otras palabras, son las capacidades de un individuo para hacer o realizar algo. Son una predisposición o tendencia natural, presente en cada persona. Las Aptitudes usan el proceso de la maduración para alcanzar su mayor desarrollo. Por ejemplo, todos tenemos capacidad de caminar o de hablar, pero lo haremos si aprendemos a hacerlo; pero sólo estaremos en capacidad para hacerlo, cuando los elementos orgánicos que van a intervenir en ese proceso se hayan desarrollado. El proceso de la maduración juega un papel de importancia en el desarrollo de esas habilidades o talentos.

La primera clasificación sobre la inteligencia, es como sigue:

- *La inteligencia Mecánica* (concreta): que es la que abarca la habilidad para manipular herramientas y máquinas en general, y entender el trabajo realizado con ellas.

- *La inteligencia Social*: es la que abarca la capacidad de comprensión de las gentes y de actuar hábilmente en las llamadas relaciones humanas y políticas.

- *La inteligencia Abstracta:* es la que abarca la aptitud para la obtención y manipulación de símbolos e ideas; y por tanto, de palabras, números, fórmulas, principios científicos.

El investigador y psicólogo Edward Thorndike (1874-1949), basándose en las anteriores clasificaciones, dijo que hay 7 aptitudes primarias, la cuales pueden estar presentes en el ser humano de manera innata. Es decir, son las Aptitudes que pueden encontrarse como talentos en las personas.

Estas aptitudes son las siguientes:

1. **De comprensión verbal:** es la aptitud para definir y comprender palabras.

2. **De fluidez verbal:** es la aptitud para pensar rápidamente en palabras, como en la resolución de crucigramas o improvisaciones de discursos o desarrollo de clases.

3. **De aptitud numérica** o de resolución de problemas aritméticos, no de retención de números.

4. **Espacial:** aptitud para reproducir dibujos de memoria o representarse mentalmente relaciones físicas.

5. **Aptitud de memorizar y recordar.**

6. **Aptitud de percepción:** de captar detalles visuales y observar semejanzas y diferencias entre objetos.

7. **Aptitud de razonamiento:** de encontrar reglas, principios o conceptos, en la comprensión o resolución de problemas.

Existen otras clasificaciones sobre las Aptitudes, que son más específicas y detalladas. Estas son:

- **Aptitud abstracta o científica**: es la habilidad *para entender principios y teorías que no están inscritos en la naturaleza.*

- **Aptitud espacial**: es la habilidad *para manejar espacios, dimensiones, geometría.*

- **Aptitud numérica:** es la habilidad *para comprender y desarrollar mecanizaciones numéricas.*

- **Aptitud verbal:** es la habilidad *para comprender palabras, oraciones, textos y relaciones entre los mismos.*

- **Aptitud mecánica**: es la habilidad *para comprender la transmisión de movimiento y sus disfunciones.*

- **Aptitud artístico plástica:** es la habilidad *para desarrollar formas, aplicar colores y apreciar formas estéticas.*

- **Aptitud musical:** es la *capacidad para relacionar y memorizar notas musicales, generar arreglos y crear música.*

- **Aptitud social:** es la habilidad *para comprender e interactuar con el prójimo.*

- **Aptitud ejecutiva**: es la *capacidad para planificar y dirigir grupos de trabajo.*

- **Aptitud organizacional**: *habilidad para clasificar, ordenar y sistematizar una fuente de información.*

- **Aptitud persuasiva:** es la habilidad *para argumentar, convencer.*

Actividad sobre el tema-

¿En cuáles áreas reconoces que tienes habilidades naturales y especiales para realizarlas; y que al pensar en ellas sientes seguridad y capacidad para hacerlo?

_____

_____

_____

_____

_____

_____

_____

Espero que la actividad anterior te haya servido para mirar las habilidades con las que Dios te ha dotado y que las estés poniendo en práctica o madurándolas para ejercerlas. Ahora veamos nuestro próximo componente de la personalidad.

Antes de continuar, siento del Señor hacer un pequeño alto, para decirte que esas Aptitudes o habilidades que Dios ha puesto en ti, están relacionadas con tu propósito en la vida, como ya referí anteriormente; pero quisiera que reflexionaras y si todavía no estás realizando tu propósito o quizás te sientes confundido al tratar de identificarlo, te invito a que busques en tu corazón:

1) Eso que te gusta hacer y que tú sabes y otros dicen que haces bien.

2) Eso que se te hace fácil y placentero hacer, independientemente de si recibes una remuneración por ella o no. Simplemente es algo que palpita en ti. Me refiero a esa visión, a ese sueño que tienes; ese sueño que quizás dejaste que el tiempo le pusiera una neblina; eso que recuerdas con nostalgia…

Si ahora mismo, en este preciso momento, te estás identificando con esta reflexión, ¡despierta!, levántate y comienza a mirar esas habilidades que tienes, y a valorarlas como las herramientas principales que

Dios te regaló, para desarrollar la visión de tu vida, el sueño de tu vida, la meta de tu vida.

Comienza ahora mismo a acariciar de nuevo ese sueño y el Señor te dará la victoria...lo lograrás, porque tienes el potencial, regalo o talento para hacerlo realidad.

"sólo te pido que te esfuerces y seas valiente".
Josué 1:9

Te invito a que leas las *"Etapas en el desarrollo de un sueño"* del Dr. John C. Maxwell en su libro **El mapa para alcanzar el éxito.** El autor estimula al lector a buscar la idea del sueño que está en el corazón, y a creer en la capacidad para lograrlo; en *segundo lugar*, a deshacernos del orgullo, refiriéndose al orgullo como producto de la excesiva concentración de la persona en sí misma, lo cual le impide tener espacio para un sueño que le cambie su vida. El orgullo, dice el autor, hace que queramos estar en una zona de comodidad, en vez de luchar por llegar al otro extremo. El Dr. J. C. Maxwell agrega que el orgullo hace que nos centremos en las apariencias y no en el potencial, impidiendo de esa manera asumir los riesgos. *En tercer lugar* nos motiva a cultivar un descontento constructivo, refiriéndose a la insatisfacción que sentimos hacia algo que quisiéramos cambiar, pero que no lo hemos hecho todavía. En *cuarto lugar* nos sugiere *el escapar del hábito*, porque éste nos hace vivir en una rutina y no nos deja mirar el horizonte que tenemos por delante; y *por último*, nos dice el autor, que equilibremos la creatividad con el carácter; es decir, a tener la disposición de esforzarnos y llegar a nuestra meta.

Actividad del tema

Identifica las metas que tienes para tu vida y pon el tiempo en que debes alcanzarlas.

a. Metas Espirituales:_____
_____

b. Metas Sociales: _____
_____

c. Metas Intelectuales_____
_____

d. Metas Familiares_____
_____

CAPÍTULO VI

Ingrediente # 5

Los Rasgos y su poder para definir tú manera de ser

¿Cómo definir los Rasgos?

Son, simplemente, el conjunto de características estables, consistentes y relativamente duraderas de nuestra manera de comportarnos. A través de los Rasgos -hasta cierto punto- podemos determinar, explicar y hasta predecir el comportamiento individual de alguien; porque ellos, en cierta forma, guían la manera en que cada individuo piensa e interpreta la realidad. Los Rasgos son los mejores instrumentos para caracterizar a una persona. Es importante notar que, en gran parte, ellos son de origen temperamental.

En otras palabras, los Rasgos son las tendencias que hacen que un individuo piense, sienta y actúe, de la manera característica como lo hace.

En cuanto a su clasificación podemos decir, que según sean los ajustes a las características temperamentales, así como a las Aptitudes, Intereses y Valores que están en la persona, así también serán los tipos de Rasgos que le caracterizarán. Pero en general podemos decir, que existen Rasgos de fácil observación y cuantificación; y otros que, por el contrario, son más difíciles de observar.

Muchos investigadores, incluyendo al psicólogo Cattell, han clasificado múltiples rasgos, los cuales incluyen 12 principales. Veamos:

Reservado (introvertido)	Extravertidos
Emocional	Estable
Modesto	Seguro
Resolutivo	Cuidadoso
Tímido	Osado
Confiado	Suspicaz
Práctico	Imaginativo
Abierto	Astuto
Tranquilo	Aprensivo
Conservador	Innovador
Relajado	Tenso

La tendencia de las personas a ser *independientes, ansiosas, agresivas, sociables, etc.; son ejemplos de Rasgos.*

Otros investigadores han agrupado los Rasgos en tres categorías diferentes, para su mayor comprensión. Estos son los Rasgos *Cardinales*, *Centrales y Secundarios.*

1. **Rasgos Cardinales:** son Rasgos tan poco frecuentes y al mismo tiempo tan generales, que influyen en todos los actos de una persona.

   Ej. *La tendencia de una persona de actuar de manera egoísta y a revelarlo en todos sus gestos. Es un Rasgo evidente en todo lo que hace la persona.*

2. **Rasgos Centrales:** son los más comunes, y aunque no siempre, a menudo son observables en el comportamiento.

   Ej. *Una persona agresiva no mostrará este Rasgo en todas las situaciones, sino que podría discriminar y decidir dónde, cómo y con quién manifestarlo...*

3. **Rasgos Secundarios:** son los que están formados por aquellos atributos que no son característicos de una persona, pero que tienen su aparición en ciertas situaciones especiales. Son personas tranquilas pero que tienen la capacidad de enojarse fuertemente si son provocadas

   Ej. *Una persona sumisa que se moleste y pierda los estribos en ocasiones especiales.*

Actividad del tema

Trata de identificar algunos de tus:

Rasgos Cardinales:_____

_____

_____

_____

_____

Rasgos Centrales:_____

_____

_____

_____

_____

Rasgos Secundarios:_____

_____

_____

_____

_____

CAPÍTULO VII

Ingrediente # 6

Las Tipologías. Tus tendencias naturales y la manera en que marcan tus preferencias

Cuando hablamos de Tipología, tenemos que pensar en grupos de actos o conductas. Sobre las Tipologías se han hecho varias clasificaciones, encontrándose entre ellas la clasificación del filósofo alemán Eduard Spranger, el cual utilizó una manera muy interesante de basar su clasificación en la forma de las personas reaccionar ante su estructura espiritual individual y la estructura espiritual de la cultura a la que pertenece. Según esta tipología, cada individuo tiene una tendencia hacia un valor cultural, hacia el cual se orienta su personalidad.

En su clasificación de la tipología, Spranger distingue 6 tipos:

1. **El Tipo Teórico:** aquí entran las personas en las cuales predominan los valores intelectuales, teóricos, científicos. Estos son los individuos que buscan siempre la verdad, buscan conocer las razones y la esencia de las cosas. La persona Tipo Teórico está caracterizada por una

marcada tendencia a la investigación, a conocer, a saber.

2. **El Tipo Económico:** en este tipo predominan los valores materiales. Generalmente le dan gran valor a las cosas, casi siempre desde el punto de vista utilitario o de uso. El individuo económico esta caracterizado por una marcada tendencia a ver el lado práctico de las cosas, a buscar siempre, y sea como fuere, beneficios.

3. **El Tipo Estético:** en el predominan los valores estéticos o artísticos. Buscan siempre la belleza y la perfección; siendo la belleza el fin supremo que lo guía como creador o espectador en el campo del arte. El individuo Estético tiene la fuerte tendencia a poner su sello, a revestir las cosas con los valores artísticos de su propia personalidad. (detallista).

4. **El Tipo Social:** son personas donde predominan los valores sociales. Su mayor anhelo es la cooperación, la solidaridad, el amor al prójimo. Toda la existencia está dedicada a una mejor organización de la sociedad. El individuo Social esta caracterizado por una marcada tendencia a conquistar amistades y a participar en

forma activa y altruista en la vida de la sociedad.

5. **El Tipo Político:** aquí entran los individuos con fuertes valores políticos. Tiende a utilizar el mando y el dominio como su mayor tendencia. Generalmente trata de justificar su sed de poder, con la necesidad de reformar la sociedad según nuevos principios, que incluirán su manera de solucionar las necesidades. El individuo político esta caracterizado por una manifiesta tendencia a imponerse a los amigos y conocidos, para que se sientan forzados a seguirlo.

6. **El Tipo Religioso:** como su nombre lo sugiere, en él predominan los valores religiosos, siendo este valor su fin en todas las cosas. Su ley es la fe: vivir en perfecto acuerdo con las normas morales dictadas por la religión. El individuo Religioso esta caracterizado por una marcada tendencia a actuar en una completa comunión con Dios.

Otros investigadores señalan que estas seis formas típicas de vida, no se encuentran en la realidad en estado puro, pudiéndose encontrar todos o varios de ellos coexistiendo en un mismo individuo, bajo el dominio de uno en particular. Es decir, puede que una persona presente una Tipología Social, pero que detrás o debajo de ese Tipo Social se encuentre un Tipo Político y utilice las estrategias del político para realizar su otra Tipología.

Actividad del tema

1. ¿Cuál Tipología tienes?_____
_____

2. ¿Cuáles Tipologías viven escondidas dentro de la que pusiste en el punto anterior? _____
_____
_____
_____

3. ¿Cual tipología tienen las personas cercanas a ti?
Esposo/a_____
_____
Hijos_____
_____
Tu mejor amigo/a_____
_____
Jefe_____
_____
Otro (especifica quién) _____
_____
_____

Reflexión:

- Piensa en cómo tu Tipología influye en tu manera de conducirte en la vida._____

  _____

  _____

  _____

  _____

- ¿Crees que la labor que desempeñas tiene algo que ver con tu Tipología? Explica. _____

  _____

  _____

  _____

  _____

  _____

  _____

Ahora pasemos a identificar otro ingrediente responsable de muchas de las actitudes que conforman nuestra personalidad, me refiero al Medio Ambiente, al Aprendizaje y la Herencia.

CAPÍTULO VIII

Ingrediente # 7

El Medio Ambiente, el Aprendizaje y la influencia de la Herencia en la formación de tú personalidad

La Personalidad se forma de las relaciones que tenemos con el ambiente que nos rodea, o sea, además de las condiciones o predisposiciones que traemos al momento del nacimiento; la sociedad que nos rodea también orienta y moldea nuestros principios de vida, nuestras obras, creencias, usos, costumbres; en fin, nuestra conducta en general, como son la forma de dormir, de comer, caminar, interpretar las cosas, etc., por tanto, muchas de nuestras costumbres o hábitos han sido condicionados o aprendidos en el ambiente donde hemos crecido, o el que nos rodea. De ahí la importancia de ser buenos modelos para otros que están a nuestro alrededor, y que quizás no tienen la capacidad de discriminar entre lo que está correcto o no; como de aquellos que tienen niños a su alrededor, como son los padres, maestros, hermanos mayores, líderes, etc.

Miremos más específicamente:

Si partimos de lo anterior, de las influencias que recibe el ser humano desde que está en el vientre de su madre hasta que nace y va madurando en su proceso de formación y desarrollo, podemos distinguir dos grandes influencias:

1. **Las Influencias del ambiente Intrauterino.** Abarca desde antes del nacimiento y comprende desde la formación del embrión hasta los nueve meses antes del parto.

   Las investigaciones han demostrado que, entre otras cosas, el estado emocional de la madre durante el embarazo puede ser transmitido a ese ser que está en formación, causando diferentes estados emocionales en la criatura. Ej. Una madre que durante su embarazo viva en un ambiente de mucho stress, puede impactar al niño, causando entre otras cosas que ese niño se desarrolle nervioso, irritable, temeroso, etc.; en fin, esta etapa es responsable de múltiples trastornos emocionales.

2. **Influencia del ambiente Extrauterino.** Este período comprende el ambiente del niño después del nacimiento. Aquí encontramos influencias que tienen que ver con

la interacción con el medio y el aprendizaje que viene como consecuencia. Entre estos tenemos:

- ***El hogar y las relaciones familiares, en especial la influencia de los padres y los hermanos.***

- La influencia del ambiente familiar sobre los niños y los adolescentes es extraordinaria; ya que, por ejemplo, el niño establece sus primeros contactos con el ambiente a través de sus padres y de las personas que le cuidan o están cerca de él. Siendo las actitudes y conductas de estos de importancia extrema para el desarrollo de su Personalidad.

Las conductas y actitudes de los padres para con los niños pueden ser percibidas por el niño en dos dimensiones:

a) Aceptación-Rechazo
b) Democracia-Autocracia.

En otras palabras, acuando el niño percibe una falta de afecto de parte de sus padres, puede provocar en ese niño, el desarrollo de *Rasgos de introversión.*

En este caso los niños pueden refugiarse en su fantasía. Y posiblemente estos sean adultos *introvertidos*.

Partiendo de lo anterior tendremos que:

- La falta de afecto en grado excesivo puede ser la causa de graves perturbaciones psíquicas y hasta genéticas.

- La ausencia total de afecto y amparo suele ocasionar trastornos de lenguaje y muchas de las perturbaciones de tipo afectivo, que se encuentran en el origen de la conducta rebelde de los adolescentes.

Los padres sobreprotectores por el contrario:

- Pueden facilitar la aparición en el niño de rasgos de *extroversión, dependencia, y de excesiva necesidad de afecto*, que pueden perdurar hasta la vida adulta y ser el origen de futura inmadurez social en personas biológicamente adultas, pero psicológicamente infantiles. En otras palabras, una *sobre-protección excesiva* facilitará la conformación de una *personalidad débil y excesivamente dependiente en el niño y el adulto*.

- Y por el contrario, *la falta de protección* hacia el niño, puede dar lugar a la conformación de una personalidad dura y excesivamente autónoma o independiente.

- Por otro lado, el punto de la relación de *democracia-autocracia,* indica la participación del niño en las actividades familiares y en la manera en que éste es disciplinado. Las Actitudes Autocráticas manejan al niño con criterios dictatoriales, sin tener en cuenta sus propias necesidades. Es decir, en este punto entran los padres que usan un sistema autoritario a la hora de dar órdenes a sus hijos, casi lo podríamos llamar en un ambiente donde los sentimientos o deseos del niño no se tienen en cuenta.

- Los niños criados en este tipo de ambiente, tienden a ser niños autoritarios y a ocultar más hostilidad que los niños criados en un ambiente de padres democráticos. Son rígidos y reaccionan de forma tajante.

- Por el contrario, un niño criado en un ambiente con demasiada libertad, sin reglas ni normas de vida, posiblemente formará una personalidad indisciplinada y no responsable.

En ese mismo orden, un ambiente familiar de equilibrio, de confianza, con suficiente seguridad económica y emocional, moldea al niño de forma más adecuada que la familia plagada de discusiones, celos, desavenencias, falta de lealtad, inseguridad económica y separación de los padres.

En resumen, el niño necesita una supervisión constructiva durante los primeros años de vida, una supervisión con miras a que vaya adquiriendo, poco a poco y sin saltos, la independencia y autocontrol propios de su edad, hasta adquirir la autonomía y madurez propias del adulto. De otro modo, se conformará una personalidad demasiado dependiente e inhibida, o con tendencia a aprovecharse de las circunstancias y sin respeto a las normas de conducta sana.

Influencia de la escuela.

La escuela es el primer paso entre la familia y la sociedad. Es donde el niño aprende la primera socialización de manera más amplia que el de la familia. No quiero decir que la escuela va a ser la única responsable de la transmisión de conocimientos; sino que es más bien un campo de desarrollo mental, emocional y social para el niño. De no ser así, puede producir serios desajustes a la personalidad. Por ej. Los Rasgos de personalidad de los profesores juegan un papel muy importante en la conformación de la personalidad de los estudiantes. Los profesores dominantes y dictatoriales, nerviosos e irritables, y los que denotan favoritismo, pueden dar lugar a la aparición en los niños de características negativas de la personalidad. La *reacción de aceptación o rechazo por parte de maestros y compañeros de escuela, puede jugar un papel muy importante en la personalidad de sus estudiantes,* así como lo dijimos con relación a los padres en el punto anterior.

Influencia de la cultura:

Esta influencia forma el conjunto de sistemas a través de los cuales las actividades del individuo se corresponden con las de sus compañeros, según un patrón o pauta durable de práctica e ideas básicas normales y propias.

Por ejemplo, generalmente encontramos diferencias de costumbres en cultura Hispana, Anglosajona, y Oriental; de ahí, que de cultura a cultura, se encuentran influencias diferentes según a la que se pertenezca.

En toda cultura encontramos:

a. **Sistemas Racionales:** son los que ponen al individuo en relación con su saber y su medio natural. Aquí se refleja el conocimiento, las técnicas, las destrezas y las herramientas aprendidas en su cultura de origen.

b. **Sistemas de Creencias**: vienen siendo un complemento de los sistemas racionales. Están formados por las ideas y prácticas religiosas, la magia, las leyendas populares, los ritos; típicos en las culturas. Y sirven para orientar a los integrantes de esa determinada cultura, de la existencia de aspectos que aún no caen o no pueden caer bajo el control racional; es decir, enseñan a hacer interpretaciones de eventos o situaciones inexplicables según el punto cultural.

c. **Las Ideologías Sociales**: estas forman parte de los conceptos o ideas que ciertas organizaciones sociales proyectan o exigen, como parte de sus valores, con el fin de racionalizar su modo particular de vivir. Aquí podríamos hablar de los reglamentos, normas, y estilos.

Además de todas estas influencias, también tenemos las demás experiencias a las que está expuesto el niño; como la televisión y las personas que le cuidan o están cerca de él.

La Herencia y el Medio

La Herencia y el ambiente o factores hereditarios que traemos al momento del nacimiento, constituyen, al igual que el ambiente, influencia continua en el desarrollo de las personas. En el proceso de la concepción, o sea en la unión del óvulo con el espermatozoide, el cual da lugar a la formación del huevo o cigoto, la herencia "programa" las potencialidades de ese embrión en formación.

Al mismo tiempo, el ambiente (experiencia) ejerce influencia en la persona en formación, heredando un conjunto de características únicas. Una persona puede heredar las tendencia a ser de gran estatura o de ser pequeño, de tener el pelo lacio o rizado, etc. Así mismo, tanto el padre como la madre, aportan la mitad cada uno de los 46 cromosomas de cada niño; o sea, el niño recibe 23 cromosomas de cada progenitor.

Cada niño recibe una combinación diferente de cromosomas. Por esta razón, cada integrante de una familia es genéticamente único. La única excepción para esa regla se refiere a los gemelos idénticos, los cuales proceden de la división de un solo cigoto y tienen la misma combinación. Pero en sentido general, los miembros de una familia, representan un alto grado de similaridad genética, pero sólo los gemelos idénticos son genéticamente iguales.

Como notarás, la influencia del ambiente y la herencia, son determinantes en la Personalidad, al grado de que se ha escrito mucho acerca de cuál es de mayor impacto. Algunos autores apuntan que el niño es más impactado por su herencia; otros autores señalan al ambiente y su aprendizaje; y otros señalan la combinación de los dos factores anteriores. Particularmente, simpatizo por la última opinión, ya que un niño puede, por ejemplo, traer aptitudes o cualidades para algo determinado; pero si no encuentra el ambiente adecuado pudiese aniquilar, de alguna manera, esos atributos. Podríamos también tomar como ejemplo, el hecho de que venimos dotados con dones, talentos dados por nuestro padre espiritual, pero si los mismos no son cultivados adecuadamente, puede que no sean activados como debería ser.

En conclusión, la escala de valores propios, la crianza, la cultura, país, raza, religión, núcleo familiar, desarrollo educativo, etc., son factores que impactan la personalidad en diferentes grados.

Hemos llegado juntos al final de esta primera parte, donde hemos visto qué hay dentro de tu forro de almohada; hemos navegado por la profunda y mal interpretada Personalidad y entrando a sus interiores, tocamos sus principales componentes. Espero que hayas podido identificar tu temperamento original, con sus características positivas y negativas, y hayas identificado tus necesidades; y de igual modo lo hayas hecho con los demás componentes que conforman tu vida, las inclinaciones naturales o aprendidas de tu manera de ser, y las influencias de tus experiencias amargas y dulces en esa manera de ser tuya en particular.

Espero que no sólo tú puedas entenderte más; sino que puedas entender mejor a los que están a tu alrededor; puedas entender más a tus hijos, a tu pareja, a tus amigos; en fin, a todos aquellos que están junto a ti.

Es mi deseo, que tu forma de ver la vida, tus actitudes hacia ella, sean revisadas; y que te decidas a hacer cambios hoy mismo. Hoy es un nuevo comenzar, un nuevo día lleno de retos y oportunidades para vivir una vida más armoniosa, más completa y llena del olor grato de la fragancia que da el vivir en armonía con nosotros mismos, con los demás y sobre todo con el que puso esa esencia en nuestras vidas...el Dios que nos creo, tan perfectamente bien.

Te invito a que ahora pasemos al siguiente tema, donde encontrarás las estrategias para poder levantarte, -si es que has estado desanimado o estancado en tu crecimiento personal-, no importa en cual área: si es tu área espiritual, emocional o la física. Si has estado viviendo sin encontrarle sabor a la vida, simplemente viviendo porque respiras, sin metas; o si por el contrario, te sientes con sueños en tu corazón, y quieres ver este día diferente, saber que tienes oportunidades de transformar tu vida a una mejor manera de vivir, llena de paz, y sobre todo, con los elementos necesarios para tener una vida libre de esclavitudes internas y externas, las cuales no te han dejado disfrutar de lo que has tenido a tu alcance, que no te han dejado valorarte, ni valorar todo lo especial que ha estado a tu alrededor.

CAPÍTULO IX

Transformando las áreas débiles en tu vida

¿Como comenzar?

El señor nos llama a vivir una vida victoriosa, libre, una vida de Fe. Cada uno de nosotros está llamado a vivir una vida en libertad; y para ello Jehová nos ha entregado las herramientas que tú y yo necesitamos, para vivir esa vida que estamos supuestos a vivir…

Pero una de las cosas que esclaviza al hombre, impidiéndole esa libertad, es la vida emocional (lo que está en nuestras emociones) nuestra propia visión de quiénes somos, el cómo nos vemos; en fin, lo que realmente hay en nuestra intimidad, cuando estamos frente a nosotros mismos, cuando estamos desnudos y miramos hacia nuestro interior …

Reflexión

Ahora permíteme ayudarte, con algunas preguntas, a reflexionar sobre cómo estás viendo el proceso de tu Vida.

1. Imagínate que hay un espejo delante de ti, **¿Cómo te ves?** No quiero que me contestes por lo que otros han dicho de ti; sino ¿qué tú mismo dices de ti mismo?

a. ¿Te ves como una persona capaz? ¿Una persona de éxito? _____

b. ¿Como una persona de fracaso, a la que todo le sale mal, la que mira el futuro con pesimismo? _____

c. ¿Como una persona con confianza hacia el futuro?_____,

d. ¿Como una persona segura de tomar decisiones precisas y confiables?_____

e. ¿Eres libre para mirar el futuro con optimismo?_____

f. ¿Eres una persona que vive y cree las promesas de Dios para tu vida?_____

¿Qué es lo que define tu vida?

TE VOY A DAR EL SECRETO: El poder del Espíritu Santo en tu transformación

Hemos llegado al momento cumbre de entrar, formalmente, a identificar las áreas de necesidad; poniendo todo nuestro ser: espíritu, alma y cuerpo en el lugar correspondiente. Quiero que recuerdes que todos tenemos necesidades y áreas que mejorar, no importa quién seas, tu posición, tu nivel de liderazgo, tu sexo, edad, nivel intelectual,…

Todos tenemos áreas que trabajar, aun pienses que los demás, a tu alrededor, no se hayan percatado de ello. En este punto te diré, que a veces, somos como libro abierto y los demás te conocen y ven más en tu interior de lo que tú crees. Pero aquí lo importante es que decidas llenarte de valor y comenzar, así que ¡adelante!

Recuerda que el apóstol Pablo, en Filipenses 3:12-14, decía que él no lo había alcanzado todavía, pero que seguía…, asimismo, tú y yo también, debemos proseguir hacia esa meta, decidiendo cada día transformar nuestras necesidades.

Una de las cosas que hemos aprendido es que el Temperamento por su componente innato no se cambia por otro; pero sí podemos tomar decisiones que darán como resultado la modificación o transformación de esas áreas débiles, entrando el carácter a circular. Lo necesario en este punto es revisarlo y comenzar a hacer los cambios, mediante el ejercicio de tu voluntad, tu firmeza, de una decisión firme, pero sobre todo de la obra poderosa del Espíritu Santo, el cual complementará ese esfuerzo que harás. Él es tu ayudador # 1.

La palabra de Dios, en 1 Tesalonicenses 5:23, nos dice que cuidemos todo nuestro ser, y especifica claramente 3 áreas: *espíritu, alma y cuerpo*. Debes entender que cuando decides, en tu libre albedrío o en tu libertad de elección, transformar áreas negativas de tu manera de ser, deseando posiblemente de corazón ese cambio; dicho cambio requiere más que un deseo…

Como mencionara anteriormente, además de tu decisión "necesitarás la fuerza y poder sobre-natural que recibes de tu parte espiritual, la cual está conectada con el Espíritu Santo. El Espíritu Santo te ayudara en el proceso de la transforma-ción que necesitas y anhelas".

Continúa leyendo, para que juntos naveguemos por ese camino que te llevará a levantar tu vida, a vivirla sabiamente, en victoria, como una persona vencedora, llena de optimismo y armonía.

¡Repasemos cómo obra el Señor! En la palabra de Dios encontramos que Jesús sanaba de diversas maneras. Lo importante es que esa obra maravi-llosa de transformación en tu vida, el Espíritu Santo la llevará a cabo de la manera que lo quiera, así como Jesús lo hacía ¡Qué maravilloso es!

Veamos algunas de esas formas:

A. Hay personas que experimentan un cambio instantáneo, en el mismo momento de la petición, ¡así de sencillo! La palabra de Dios nos da varios estilos utilizados por Jesús para sanar a los enfermos. En ocasiones, simplemente diciéndoles "sé sano".

> *"Cuando Jesús la vio, la llamó*
> *y le dijo: Mujer, eres libre de tu*
> *enfermedad."*
> Lucas: 13:12

B. Hay veces, en que además de la decisión y el deseo de la transformación, necesitamos hacer cambios. Habían ocasiones en que Jesús le pedía al enfermo que hiciese algo específico:

> *"cuando Él los vio les dijo: Id,*
> *mostraos a los sacerdotes. Y*
> *aconteció*
> *que mientras iban, fueron limpiados.*
> Lucas 17: 14

C. Otras veces necesitamos ser confrontados fuertemente con nuestra realidad, para despertar de nuestro estilo de vida y poder mirar nuestra necesidad del cambio. Jesús, a veces, hacia una simple pregunta, como pasó con el paralítico de Bethesda. Este hombre llevaba largo tiempo esperando un milagro para poder ser sanado, pero cuando Jesús se le acerca y le pregunta si quería ser sano, vemos cómo este paralítico comienza a poner una actitud de víctima, para justificar su condición.

"cuando Jesús lo vio acostado, y
supo que llevaba ya mucho tiempo
así, le dijo:
¿Quieres ser sano?
Juan 5:6

¿Cómo vendrá el cambio a tu vida? ¿Cómo lo hará Jesús?

La obra transformadora del Espíritu Santo en tu vida, también puede utilizar las mismas estrategias que hace 2000 años atrás. Él es el mismo ayer, hoy y por lo siglos de los siglos… ¡su poder no cambia!

Tú también puedes ser sanado por el poder sobrenatural del Espíritu Santo, utilizando otras estrategias que van a colaborar en tu transformación, Quizás tú no necesites una transformación en tus pies o en tus ojos para caminar o para poder ver; pero posiblemente, al igual que la mayoría de las personas en estos tiempos, necesitas otras transformaciones en muchas de las áreas que hemos estado tratando a lo largo de este libro. Áreas que posiblemente viven en ti, porque son partes negativas de tu TEMPERAMENTO y Carácter, o quizás tienes Actitudes, muchas de ellas producto de alguna experiencia dolorosa de tu infancia, tu adolescencia o ¿por qué no? adquirida en tu vida adulta, como resultado de *tu rol de esposa/o, como padre o madre, como miembro de tu comunidad, trabajo, iglesia;* en fin, honestamente hablando, son muchas las áreas en las que aun siendo peregrinos y extranjeros por este mundo, como nos los dice la palabra, aun así, en ese peregrinar, hemos sido marcados a través de muchas *adversidades, abusos, traiciones, violencia,* etc. En sentido general, seguramente, al igual que yo y que todos, tienes necesidades en tu vida, que si pudieses transformar, tendrías una mejor calidad de vida.

¿Estas dispuesto/a a navegar en esta barca y caminar sobre las aguas, como lo hizo el apóstol Pedro, cuando puso sus ojos en Jesús e hizo lo que se supone que *no es posible*? Caminar sobre las aguas (véase Mateo 14:29).

En estos momentos posiblemente te encuentras ante una decisión importante. Oro al señor para que recibas el poder y la fuerza que necesites para salir en victoria y elegir bien el camino que vas a tomar:

a) si decides seguir siendo espectador, víctima, o
b) si decides hacer los ajustes necesarios para lograr tu equilibrio

También oro al altísimo, para que tus ojos sean llenos del colirio espiritual y puedas comenzar a ver tus necesidades con claridad, dentro de tu corazón.

Si estás teniendo algún tipo de dificultad en aceptar que tienes una necesidad; si quieres pensar o presumir de que tu vida es perfecta, que no necesitas de nada; te recomiendo que antes de seguir te examines y mires si en ti predomina el orgullo.

El orgullo es una autoestima exagerada y una supervaloración. En el orgullo se podría encontrar un trasfondo de baja autoestima, y por lo tanto, de poca valoración. La persona orgullosa esconde un sentimiento de inadecuación, que necesita realzar haciendo uso de una posición jactanciosa, la cual es proyectada por la persona orgullosa de una manera opuesta a lo que verdaderamente es. A veces la persona orgullosa no se da cuenta de su necesidad e inconscientemente se resiste a aceptar su deficiencia. Aquí podemos referirnos también al orgullo espiritual, el cual es típico en las personas que piensan que están más cerca de Dios que otros, que son más escuchados y hacen alarde de ello con una falsa humildad.

¿Te has decidido ya?… ¡Eso es!, decídete de una vez y por todas a pelear por una vida libre, llena del sabor que da la plenitud de saber que estás viviendo en integridad, en transparencia con lo que proyectas y con lo que verdaderamente eres, cuando las puertas de tu habitación se cierran. ¡Libérate de tu propia cárcel y pelea por esa libertad que es tuya hace 2000 *años!*

Si has sido víctima de grandes abusos y grandes atropellos; y piensas que con lo que te pasó no hay manera de que puedas superarlo, por la magnitud de lo sucedido; *yo te digo que conozco a un Dios fuerte y poderoso, que le dio vida a un valle de huesos secos, (véase Ezequiel cap. 37) y dice la palabra que esos huesos "estaban completamente secos",* tratando de enfatizar la imposibilidad de que en ellos pudiese haber vida. Pero el relato nos dice que de ahí no sólo recibieron vida, *sino que hasta un ejército de hombres se levantó.*

¿Y sabes una cosa? El Dios que ejerció su poder sobrenatural sobre esos huesos secos, es el mismo que puede intervenir en tu vida, en tu situación. Por eso te digo que *no importa la magnitud del dolor, de la herida, del abuso, del sufrimiento acontecido en tu vida, el Dios del cielo tiene poder para calmar, sanar y transformar ese dolor.*

En el salmo 46 podemos ver tres niveles graves de una situación:

a) En primer lugar habla de que: *"**aunque la tierra sea removida**",*

b) En segundo lugar de que: *"**y se traspasen los montes al corazón del mar**"* y

c) En tercer lugar nos dice: *"**y tiemblen los montes a causa de su** braveza".*

Ahora te pido que pienses de nuevo en tu situación y que la compares con estos niveles de profundidad de problemas expuestos anteriormente.

Lo maravilloso de este salmo es que el Señor, aun antes de comenzar a nombrar las adversidades, comienza el salmo dándonos por cada nivel de gravedad, una palabra de confianza, aliento y poder... *¡Qué Dios tan sabio!*

Observa, lo que nos dice la Biblia:

a. *"Dios es nuestro amparo y fortaleza....."*
b. *"Nuestro pronto auxilio en las tribulaciones"*
c. *"Por tanto, no temeremos"*.

Realmente, esto se explica solo... vemos claramente que hay poder en Dios. Lo único que necesitas es acercarte a Él, y creer que ante tu situación o necesidad, Él también tiene poder para transformar tus adversidades, dándote fuerza, confianza y sobreponiéndote a todo el temor que conlleva el enfrentar tus fantasmas, tus dolores, tus traumas, tus heridas...

En esta parte te dejo con este versículo poderoso de **Hebreos 11:6** que nos dice:

"pero sin fe es imposible agradar a Dios; porque es necesario que el que se acerca a Dios, crea que le hay, y que es galardonador de los que le buscan".

Ahora que espiritualmente hemos visto al Dios que estará contigo en el proceso de transformación, para darte poder; te invito a que tomes *control, dominio y autoridad sobre tus emociones y tu parte física,* como nos lo sugiere el apóstol Pablo cuando nos dice:

> *...y todo vuestro ser, espíritu, alma y*
> *cuerpo, sea guardado*
> *irreprensible*
> *para la venida de nuestro Señor*
> *Jesucristo.*
> 1Tesalonicenses 5:23b.

Veamos esto más detalladamente:

Tu parte física también es de interés para nuestro creador, porque forma parte de nuestro ser en su totalidad. Somos seres integrales, no porque lo diga yo, ya viste que lo dijo el apóstol Pablo. Por lo tanto, debemos revisar y tomar cuidado de esa parte integral de nuestro ser.

I. Tomando Control, dominio y autoridad sobre la parte física:

Siempre me refiero al equilibrio que debemos tener en nuestras vidas, con un gracioso ejemplo:

Imagínate una mesa de tres patas y que le quitaras una de ellas,...¿qué pasaría?, -¡creo que estás pensando igual que yo!, la mesa estaría coja, sin importar cuál de las patas le quitaras, seguiría siempre estando coja-.

Así mismo, para que haya equilibrio en tu vida, también debes dar cuidado a las tres áreas que citáramos en el versículo anterior de 1 de Tesalonicenses 5:23, refiriéndose *al alma, espíritu y cuerpo*.

La parte física es una importante área de tu ser, que debe ser cuidada y que puede ayudar en la transformación de nuestras debilidades. Muchas personas piensan que el cuidado de esta área pertenece a la vanidad y que no tiene nada de espiritual; pero sabemos que una persona que se sienta débil, enferma, descuidada, muy posiblemente, no tendrá la fuerza suficiente, verdadera y la transparente motivación para luchar contra sus debilidades. Utilizo la expresión "verdadera y transparente motivación" porque muchas veces una persona puede aparentar una fuerza y deseo que realmente no tiene y utilizar máscaras de gozo y armonía, que en su intimidad está muy lejos de sentir. Por eso entiendo que es de vital importancia el cuidar lo que la biblia ha llamado el templo del Espíritu Santo, para que no sea tropiezo a nuestra transformación total.

Si quieres interpretar esta necesidad de cuidar todo nuestro ser y ver el desequilibrio en el descuido de alguna de ellas, podemos citar la reconocida pirámide del psicólogo Abraham Maslow, en la cual se encuentra una jerarquía de necesidades o motivaciones humanas, las cuales son culminadas por la autorrealización, que viene, según Maslow a aquellos que logran sentirse realizados. Estas son aquellas personas que se sienten seguras y aceptadas, y pueden amar y ser amados. Además, su autoestima es apropiada y tienen una filosofía personal de la vida. Según Maslow, estas son personas que comparten una experiencia máxima, que son las experiencias inspiradoras de sentimientos ilimitados, que llegan y dejan como resultado una sensación de valía, en que la persona siente cierto grado de transformación y vigorización en su vida. Para aquellos que hemos conocido al altísimo Dios, sabemos que esa experiencia de la que Maslow hablaba en su teoría, es la misma que experimentamos cuando el Espíritu Santo toca nuestras vidas. ¡Aleluya!

La pirámide de las necesidades de Maslow era la siguiente:

Autorrealización

Estimación
(incluyendo respeto a sí misma y sentimientos de éxito)

Pertenencia y amor

Seguridad
(tranquilidad, orden, estabilidad)

Necesidades fisiológicas
(satisfacción de hambre, sed y sexo)

Por otro lado, existen estrategias para cuidar de tu parte física, que pueden ayudarte a que estés más saludable, con mayor motivación y entusiasmo para trabajar en el proceso de tu transformación: CUIDAR TU CUERPO

Si no eres capaz de cuidar de tu cuerpo físico, si no visitas al médico regularmente y si lo visitas pero no sigues sus recomendaciones, estás siendo irresponsable contigo mismo/a. Y si además tienes otros que dependen de ti, si eres padre o madre de hijos que dependen de tu cuidado, estarías siendo doblemente irresponsable. Si te enfermas ¿qué pasará con ellos?

Muchas personas tienen la creencia de que no deben preocuparse por su bienestar, incluyendo su salud, y se descuidan y enferman y es entonces cuando comienzan a cuidarse. Muchos hasta hacen alarde de no visitar al médico. Déjame decirte que cuando una persona descuida su salud, está abusando de sí misma y de los suyos. De los suyos porque les está quitando tiempo de calidad. Además, está tomando en poco el regalo de vida que le fue dado y esta siendo un mal mayordomo de ello.

Muchos piensan que es una manera de demostrar su confianza en Dios; pero olvidan que la palabra nos dice, en Mateo 4:7b "no tentarás al Señor tu Dios". Entendiéndose que realmente Dios es poderoso para protegernos y sanarnos -y lo hace- pero recuerda las diferentes maneras en que Jesús sanaba. En lo que dependa de nosotros, debemos hacer nuestra parte y nuestro Padre Celestial puede usar al especialista como un aliado en tu sanidad.

Refiriéndome ahora al descanso, es importante darle un cierto período de relajamiento a nuestro cuerpo, para que pueda levantarse con nuevas fuerzas. Todos necesitamos descansar, aun la palabra, en el libro de Génesis, nos dice que al final de la creación Dios descansó. Debemos buscar ese equilibrio y gobernar con sabiduría esos ímpetus y entusiasmos desequilibrados que nos hacen trabajar largas horas, los 365 días del año; porque es otra forma de abusarnos a nosotros mismo y quitarle tiempo a los demás que están a nuestro alrededor. También el trabajar en exceso puede ser síntoma de refugiarnos en algo que consuma nuestras fuerzas, para no mirar hacia algo que está impactando nuestro interior. Otras veces, esas grandes energías por trabajar de manera desenfrenada, responde a un desequilibrio o hiperactividad, frecuentes en ciertos trastornos de la personalidad.

En conclusión, descansa, toma vacaciones, no tienen que ser largas, camina entre los árboles, desconéctate para poder llenarte. Imagínate que eres como un carro, cuando corren largas millas; he escuchado que es bueno y recomendable hacerle ciertos arreglos, que incluyen cambio de aceite, bujía, condensador etc. con el fin de que se mantengan en óptimas condiciones y prevenir, en lo que cabe, de que comiencen a presentar defectos mecánicos.

"el que tiene oídos para oír que oiga"
(Marcos 4:23)

II. Control, dominio y autoridad sobre *la parte emocional*:

Hemos dicho que el Espíritu Santo puede hacer uso de otros aliados, en el proceso de la transformación de tus debilidades, como lo son *tu voluntad, perseverancia, compromiso; y sobre todo el anhelo de cambiar.*

Para entrar en esta área, vamos a explorar algunos puntos importantes:

Primeramente debes de estar consciente de si estás actuando con tu verdadero Temperamento, -el originar, el dado por tu Padre Celestial- o si lo has escondido de manera permanente, como producto de situaciones adversas que han estado presente en tu vida o del querer dar una imagen irreal de tu persona; o bien pudiese ser, por querer complacer a otros, etc. Muchas pudiesen ser las razones.

Se ha hablado de que el ser humano hace uso de procesos defensivos o de protección, que se hacen de manera inconsciente, como una forma de evitar angustia. Por ej. Un hijo que nace con un Temperamento o forma de ser X, crece en el seno de una familia en la cual esa tendencia propia de su Temperamento no es aceptada. Ese hijo puede optar por evitar la angustia que le produce el que no sea aceptado tal y como es; y entonces opta por hacer modificaciones en su carácter, para procurar reprimir sus tendencias o conductas no aceptadas; las reprende y así puede mantener una adaptación más o menos satisfactoria.

También existen ocasiones en que el Temperamento es cambiado, dependiendo del lugar donde la persona se encuentre. Aquí entrarían, por ejemplo, personas que en sus casas actúan de una manera y fuera de la casa de otra. Un ejemplo más específico todavía, sería una persona que en su casa sea muy tranquilo, actuando como un Flemático; pero en el trabajo o con los amigos sea bien vivaz, alegre, conversador, etc., como un Sanguíneo.

Cuando notamos situaciones de esa índole, en que tú, o alguien que tú conoces bien, no es constante en su forma de actuar, en que se pudiese decir que no hay transparencia en su proceder, y se quiere resolver ese conflicto; lo primero que se debería hacer es determinar cuál es el verdadero Temperamento, y luego aceptarlo y trabajar sus necesidades.

En otras palabras:

- Concientizarte de que no hay nada de malo, o equivocado, ni vergonzoso, con el tipo de Temperamento que tienes; al contrario, cuando aceptas el Temperamento original, puedes vivir una vida más relajada y más placentera, ya que irías acorde con lo que Dios ha puesto en tu corazón, y te sentirías más confiado en lo que enfrentes o desarrolles.

- Recuerda que lo que emprendas, tu misión en la vida va conjuntamente en sintonía con el tipo de Temperamento que traes. Entonces, cuando sabes y tienes confianza de que posees las aptitudes adecuadas para desarrollar tu misión y propósito en tu vida, esto produce confianza.

Actividad del tema

Te invito a que pases una película por tu mente y reflexiones sobre lo anterior. Siempre aconsejo que una de las cosas que ayudan a entendernos mejor y explorar las áreas que necesitamos mejorar, es prestarle atención a esos reproches que nuestros familiares, amigos, hijos, compañeros, o personas cercanas nos han hecho siempre. Así podríamos ver qué impresión estamos dando, o si estamos ignorando algo que reflejamos.

Para simplificar te recomiendo hacer lo siguiente:

1. **Explora tu Temperamento y concientízate de él.**
   En este punto es importante distinguir los rasgos o tipologías típicas en tu familia. Pero ten en cuenta, que aunque existan tendencias familiares a ser como se es, porque eso corre en la familia, no es justificación para no poder transformarlas.

2. **Revisar e identificar, cuáles son esas áreas que deben ser cambiadas**.
   Es importante que te puedas mirar tal y como eres, con tus virtudes y defectos, con la motivación de seguir cultivando tus cualidades y trabajando las necesidades en tu personalidad en general, que quieres que sean cambiadas, recordando que la decisión, motivación y compromiso son características importantes en este proceso.
   En este proceso de identificar esas áreas, te sugiero que revises también el balance en tu vida. O sea, ya que has identificado las cualidades o características positivas presentes en ti, ya sean producto de tu temperamento o adquiridas, revises ahora también qué proporción le das a esos aspectos positivos. ¿Les das tanto énfasis que te desbalanceas?

Veamos algunas áreas que puedes revisar:

1- ¿Tienes una excesiva seguridad en ti?
Quiero que recuerdes, que una de las cualidades del Colérico, dijimos que era el ser una persona de decisión firme, sin titubeo, seguro de lo que hace, confiado en lo que emprende y en su capacidad para lograrlo. Pero si el Colérico no tiene balance, se podría volver una persona dura, insensible y muy autosuficiente.

2- ¿Tienes un idealismo exagerado, que te hace ser muy crítico?
Muchas personas, como por ejemplo aquellas de temperamento Melancólico, en su afán de buscar la perfección y el ideal de todo, pueden caer en una posición de indiferencia e insensibilidad ante las necesidades de sí mismo y de los demás; y como consecuencia sentir el efecto de la frustración, ya que posiblemente nadie, ni aun él mismo, estará en una posición perfecta.

3 ¿Presentas una alegría exagerada ante la vida?
Los Sanguíneos tienen la linda cualidad de ser divertidos y alegres, pero si no tienen un balance, puede convertirse en una persona sin disciplina y sin responsabilidad, que toma todo muy a lo ligero.

4. *¿Cuidas mucho de no entrometerte en las cosas de los demás?,*

Es típico de las personas con temperamento Flemático, el ser muy respetuoso de los asuntos de los demás y de darle su espacio; lo cual es una cualidad muy positiva; pero tiene que tener cuidado de no desbalancearse, pudiendo caer en la indiferencia o insensibilidad ante las necesidades de otros y aun de sí mismo, y convertirse en una persona retraída

BALANCE, BALANCE Y BALANCE, es lo que *se necesita.*

Hacer un plan de acción

A continuación te presento algunas de las estrategias que puedes poner en práctica para mejorar tu calidad de vida:

Estrategias Físicas:

Paso #1   **Cuida la salud física: ve al médico, y sigue sus recomendaciones**. *Esto te permitirá crear una base saludable, que contribuirá a tu bienestar y podrás practicar la prevención y detectar y restaurar posibles trastornos de salud.*

Paso #2 **Haz ejercicios.** *Además de darle forma a tu cuerpo, aumenta tus defensas y tu cerebro produce sustancias tranquilizadoras que te relajarán mentalmente.*

Paso #3 **Camina al aire libre.** *Te da la oportunidad de respirar aire fresco, llenarte de energía; y al mismo tiempo, puedes pensar más clara y relajadamente.*

Paso #4 **Come nutritivamente.** *Una alimentación adecuada, también contribuye a mantenerte sano y energético.*

Paso#5 **Duerme suficiente.** *Cuando se duerme alrededor de 8 horas, el descanso físico-emocional se hace evidente. Se toman mejores decisiones, mayor concentración, etc.*

Paso #6 **Hacer ejercicios de Respiración.** *Cuando se respira, se le envía oxigeno al cerebro y éste contribuye al relajamiento y mayor control sobre las emociones; dando mayor relajamiento, vitalidad y energía al organismo. Cuando se respira profundamente, se inhala oxigeno con la nariz y se lleva* *al abdomen por unos segundos y luego lo exhalamos por la boca despacio.*

Paso #7 **Toma tiempo para descansar.** *Durante el día es recomendable apartar momentos para breves descansos. Eso permite, entre otras cosas, llenarte de energías para seguir con la jornada.*

Pasó #8 **Practica la relajación.** *Trae descanso físico y mental, y funciona como mini vacaciones. Una de las diferentes maneras en que puedes hacerla, es sentarte, contraer cada parte de tu cuerpo, comenzando por los dedos de los pies, tobillos, piernas, rodillas, etc. y terminar por la cabeza. Luego, cuando estés con todo tu cuerpo contraído, comienza a aflojar cada parte nuevamente, poco a poco.*

Paso #9 **Toma vitaminas.** *Las vitaminas contribuyen a la salud y nutrición de tu cuerpo.*

Paso #10 **Toma tiempo para divertirte sanamente.** *El socializar, reunirte con otros, practicar un hobbies; en fin, practicar momentos de diversión, donde puedas reír, conversar o disfrutar de un* momento ameno, te llenará de energías y motivación.

Paso #11 **Toma vacaciones.** *Es recomendable, que por lo menos una vez cada año, puedas tomar unos días para meditar y descansar completamente. Sin horarios que cumplir y sin presiones que te traigan stress.*

Estrategias Emocionales:

Paso #12 **Desarrolla una comunicación efectiva con todos a tu alrededor.** *Recuerda que en una verdadera comunicación debe haber intercambio de sentimientos, emociones; y que no solamente te comunicas verbalmente; sino, que junto a lo que dices, está el tono de voz que utilizas y el lenguaje de tu cuerpo. Envuelve tus conversaciones con amor y respeto.*

Paso #13 **Resuelve tus conflictos.** *Cuando te encuentres en conflictos, recuerda que la comunicación es la mejor estrategia para resolverlos. Procura reunirte con los implicados en el conflicto. Cuando estés reunido para resolver la situación, escribe todos* *los puntos de vista de cada persona envuelta en la reunión, incluyendo las soluciones propuestas por cada uno; y luego exploren la mejor solución unánimemente. Asegúrate de que todos se sientan valorados y tomados en cuenta.*

Paso #14 **Aumenta tu autoestima.** *No te olvides de que tú eres una creación especial de Dios. Tienes todos los atributos necesarios para desempeñarte en el propósito que Dios diseñó para ti. En este libro has aprendido que naciste con un Temperamento dado por Dios; y recuerda, que todo lo que Dios hace es bueno en gran manera. Tienes Aptitudes o talentos en ti, los cuales te capacitan para emprender tareas, y poner en ellas el toque especial que sólo* **tú puedes poner. Eres un ser único. Tus huellas digitales son un ejemplo que avala lo expresado aquí. La palabra de** *Dios dice que* **tú** *eres "un linaje escogido, un real sacerdocio" (1 Pedro 2:9).*

Paso #15 **Aprende a controlar tu agresividad.** *La ira y enojo responden a una manera de expresar vergüenza, falta* *de control sobre algo, inseguridad. Cuando te sientas enojado, practica la relajación y respiración; además, reflexiona sobre la consecuencia que te traería tu actitud. Recuerda que, generalmente, las personas enojonas se quedan solitarias, pues los demás tienden con el tiempo a no compartir con ellas. Por culpa de la agresividad puedes afectar negativamente tu salud, tu familia, tu trabajo y tu iglesia; y hasta consecuencias legales desagradables puedes tener.*

Paso #16 **Maneja tu stress.** *Para poder manejar el estilo actual de tanta velocidad y competencia, es importante aprender a manejar los residuos de este estilo de vida, que es el stress. Es necesario utilizar ejercicios de respiración de manera cotidiana, practicar la relajación muscular, caminar, descansar. (Ver las recomendaciones propuestas aquí).*

Paso #17 **Prioriza.** *Aprender a hacer de primero las cosas más importantes. Dentro de todas las diversidades de cosas que quieres y tienes que hacer, separa cuáles son necesidades y cuáles son* *deseos. Haz una lista de las inmediatas, las intermedias y las que pueden esperar; o sea, las de emergencia, las de corto plazo y la de largo plazo. Y comienza paso a paso, según la necesidad.*

Paso #18 **No te pongas metas irreales.** *casi siempre la razón de ese sentimiento de frustración, cuando no logramos una meta, es por la tendencia de no ser realistas a la hora de evaluarlas... Estudios revelan que cuando nos ponemos metas inalcanzables, ya sea porque las queremos lograr en un tiempo que no corresponde; como consecuencia nos llenamos de pesadumbre y la motivación decae. La solución es mirar que las metas sean evaluadas concienzudamente. No pretendas comprarte una casa, si apenas tienes una semana laborando como empleado.*

Paso #19 **Organízate.** *Simplifica tu vida, prioriza, escribe tus metas, lleva una agenda que te permita llevar en orden lo que necesitas hacer cada día, cada mes, etc.*

Paso #20 **Aprender a escuchar.** *Una manera de mostrar respeto en una conversación, es prestar atención al que habla. Prestar atención incluye mirar a los ojos, mostrar interés y conectarse de corazón, tratando de entender el punto de vista de la otra persona. Cuando no damos tiempo para prestar la atención debida, estamos irrespetando al interlocutor, y el mensaje que proyectamos es de no estar interesados. Con esta postura se levantan fronteras, que impiden una comunicación efectiva.*

Paso #21 **Trabajar en equipo.** *Es importante aprender a trabajar conjuntamente con otros; para ello es necesario delegar tareas y responsabilidades; y que cada uno cumpla con lo acordado, en el tiempo acordado.*

Paso #22 **Aprende a decir "No".** *Si piensas que no puedes hacer algo que te están pidiendo que hagas, pero que realmente no puedes por razones reales, o porque ya habías hecho otro compromiso; no te comprometas sólo por quedar bien ¡y explica tus razones!*

Paso #23 *No tomes decisiones por impulso.* *Si eres una persona impulsiva, como el Sanguíneo, seguramente te habrás comprometido a cosas de las que luego te has arrepentido. Para evitar estas situaciones, acostúmbrate a no tomar decisiones impulsivamente, tómate tu tiempo. Si tu primer impulso es decir sí, te sugiero que de todas formas te tomes un tiempo (horas, días, etc., dependiendo de la decisión a tomar)*

Paso #24 *Toma responsabilidad por tus acciones y no acuses a otros por ellas.* *Siempre muestra tu seguridad, madurez e integridad, tomando responsabilidad por tus acciones; sean estas positivas o negativas.*

Estrategias Espirituales:

Paso #25 Ora y medita en la palabra de Dios

a. ***Acércate a tu Dios creyendo que*** Él es un Dios real y verdadero, y capaz de ayudarte en la solución de los problemas de tu vida (Lee Hebreos 11:6 y Jeremías 33:3).

b. Pídele al altísimo Dios que escudriñe tu corazón, y que te enseñe si hay pensamientos en ti que están errados y son los causantes de tus problemas en la vida (lee Salmo 139: 23-24)

c. Despójate de todo orgullo, pensamientos y argumentos que te impidan acercarte a tu creador y pedirle ayuda para tu situación, y dale la oportunidad al Dios poderoso de tratar contigo; para que tú, en tu libre albedrío, te sientas liberado/a de lo que hasta ahora no te ha dejado vivir con una actitud correcta. (Lee Hebreos 12:1)

d. Elije hoy hacia dónde tú quieres caminar. Que hoy tú digas ¡ya basta de vivir una vida a medias!...que hoy, con lo que el Espíritu Santo te esté revelando y trayendo a tu mente, a tu conciencia, tú decidas qué vas hacer con ese descubrimiento, esa carga que arrastras; si lo sigues cargando, o si decides dejarlo.

TE VOY A DAR EL SECRETO:

Dale al Dios poderoso y transformador la oportunidad de tratar contigo de una manera especial, como sólo Él lo sabe y puede hacer, y Él te sorprenderá con su poder... ¡Es grandioso!

Nota al lector: Estaré desarrollando estos pasos en la segunda parte del volumen a publicarse próximamente.

CONCLUSIÓN

Después de navegar sobre estos profundos temas, los cuales desnudan nuestras vivencias buscando raíces en ellas; es muy alentador saber lo que por regla tiene que ser el resumen de este libro. Por eso te digo que no importan nuestras raíces, ni las experiencias en el caminar por la vida. Estamos dotados de una ayuda excepcional si decidimos hacer cambios. Podemos contar con el poder del Espíritu Santo en el proceso de cambio y transformación, por eso te digo que es necesario que puedas desarrollar una relación estrecha con Él, que puedas acercarte en confianza y fe para que te ayude y sostenga en el proceso.

EL **E.S**. puede ayudarte a corregir, balancear y rescatar el hombre o la mujer que llevas dentro y capacitarte para ejercer dominio y autoridad de las áreas débiles de tu temperamento.

El **E.S**. puede ayudarte a romper las caretas o máscaras y traer libertad, porque a eso precisamente nos llamó nuestro Señor Jesús; por eso pagó un precio alto, para que fuésemos libres en ÉL, para hacer la buena obra.

- Es mi gran deseo que hayas podido encontrar respuestas y un mayor conocimiento de tu persona. Que esta lectura te haya podido despertar la motivación de creer que en ti hay oportunidad de vivir una vida de mayor calidad. Que no importa quién seas, hombre o mujer; siempre hay oportunidades de seguir creciendo, para poder llegar al nivel de lo diseñado por Dios.

- Deseo, con todo el corazón, que ahora que has terminado de leer este libro puedas mirar una flor y admirar su belleza, puedas gozar de cada estación del año, disfrutar el calor lo mismo que el frío, mirar como cada una te brinda algo diferente…, que comiences a tener una manera resplandeciente de ver la vida que te ha tocado vivir en el tiempo perfecto de Dios, tu creador.

BIBLIOGRAFÍA

Todas las referencias de la Biblia, están tomadas de la Biblia de estudio Pentecostal, Revisión 1960.

Appicciafuoco, Rómulo. *Manual de Psicología. Editorial Kapelusz. Buenos Aires, Argentina, 2da Edición, 1964.*

Barriga, Silverio. Psicología General. Ediciones CEAC, S.A. Barcelona, España, 1983.

Johnson, Sharon L. 123s Therapist's Guide to Clinical Intervention. Academic Press. Copyright 1997. Elsevier Science (USA).

Maxwell, John C. El Mapa para alcanzar el Éxito. Editorial Caribe, inc. Nashville, TN-Miami, Fl, EE.UU.1997.

Mejia-Ricart, Tirso. Introducción a la Psicología. Editorial Alfa y Omega. Santo Domingo, R.D. 1984.

Munroe, Myles, Dr. Los Principios y El Poder de la Visión. Whitaker House. New Kensington, PA, 2003.

Núñez de Villacencio Porro, Fernando, y coautores. *Psicología Médica, tomo 1.* Editorial Pueblo y Educación. La Habana, 1987.

Sarason, Irwin. *Psicología Anormal.* Editorial Trillas, S.A. México. 4ta reimpresión 1981.

Sferra, Adam; Wright, Mary E.; Rice, Louis., *Personalidad y Relaciones Humanas.* Copyright 1970. Libros McGraw-Hill de México.

Spranger, Eduardo. *Forma de Vida.* Ed. Revista de Occidente. Madrid, 1948.

Swartz, Paul, *Psicología. El estudio de la Conducta.* Editorial Continental. S.A. México, 5ta edición, 1976.

Vidal-Alarcón. *Psiquiatría.* Editorial medica Panamericana. Buenos Aires, 1986

Whittaker, James. *Psicología.* Nueva Editorial Interamericana, s.a. México, 1977.

Para conferencias u otros contactos:

Grupo de Apoyo y Superacion Personal
Esperanza y Paz,
Tel. 201-232-7993
Email: jorledia@gmail.com
Webside: grupodeapoyoesperanzaypaz.com

CPSIA information can be obtained at www.ICGtesting.com
Printed in the USA
BVOW07s1200040913

330215BV00001B/2/P